재료 100
국 100
반찬 100

서초동 최선생의 집밥백과

재료 100
국 100
반찬 100

최승주 지음

조선앤북

PROLOGUE

한 가지 재료로 반찬과 국을 동시에 만드는 법 소개합니다

주부 경력만 23년째! 달인의 경지까지는 아니어도 프로 리그 몇 번 정도는 뛰었을 정도의 구력은 된다 싶다. 게다가 요리 선생님 소리를 들으며 음식을 만들고 책을 쓰는 일도 꽤 오랜 기간 해왔으니 어디 가서 음식 얘기를 할 땐 입바른 소리도 가끔 하게 된다. 하지만 이런 나에게도 구입한 식재료를 하나도 버리지 않고 사용하는 일은 결코 쉬운 일이 아니다.

초보 주부일 때는 두 개들이 가지 한 봉지를 사도 한 끼에 다 먹지 못하는 경우가 많았다. 식구들이 그다지 좋아하는 재료가 아니다 보니 한 개 정도만 쓰고 나머지 한 개는 남겨 두기 십상이었는데 어느 날 냉장고를 열어보면 그새 물러져 있어 초보 주부를 당혹스럽게 했다. 가지 뿐 아니라 감자, 오이, 콩나물, 숙주, 두부, 시금치 등 기본으로 자주 구입하게 되는 재료도 항상 무침, 국, 부침 등 뻔한 조리법만 떠올리다 보니 한 번 해먹고 나면 남은 재료는 처치 곤란이 되었다가 결국 음식물 쓰레기통으로 들어가는 경우가 허다했다. 그 재료가 생선이나 고기 같이 비싼 것들일 경우 버리는 일은 더욱 더 스트레스였다.

하지만 장 보는 요령이 늘고 다양하게 요리를 해보면서 예전보다는 훨씬 알차게 재료를 소비할 수 있게 되었다. 메뉴를 짜고 조리를 하고 남은 재료를 보관하는 일을 주 단위, 혹은 한 달 단위로 정해 우리 집 식단에 맞춰 매뉴얼을 갖춰 놓으니 무작정 재료를 샀다가 못 먹고 버리는 경우가 거의 없어졌다. 또 무엇보다 한 가지 재료를 활용해서 만들 수 있는 음식이 다양하다는 것을 깨닫게 되면서 한 번 해먹고 남은 재료를 어떻게 처리해야 할지 몰라 망설이다 버리는 일이 크게 줄어들었다.

이번 요리책에서는 이런 노하우를 모아 재료 하나로 반찬과 국물요리 만드는 법을 함께 소개해 보았다. 요리 작업을 하면서 의외로 많은 사람들이 '이 채소는 반찬용, 이 고기는 국거리용'이라는 선입견을 가지고 있는 것을 볼 수 있었다. 그래서 한번 재료를 사면 한꺼번에 사용해 음식 한 가지를 만들고 뒤에 가서는 지겨워서 혹은 묵히다가 상해서 상당량을 버리는 경우가 발생하곤 했다. 또 한국인의 밥상 특성상 국물이 곁들여지면 한결 식탁이 풍성해지고 반찬으로 먹을 때와는 전혀 다른 풍미와 식감을 즐길 수 있는데 은근 어려워하는 사람들이 많아 쉽사리 도전하지 못하는 것도 적지 않게 보았다. 그런 어려움이 있던 사람들이 신선한 제철 재료를 좀 더 용기 있게 구입하여 버리는 스트레스 없이 맛있게 먹는 데 도움이 되었으면 하는 바람으로 재료 100가지를 고르고 각각 국과 반찬으로 나눠 메뉴를 구성하였다.

냉장고 정리와 수납 해결은 물론 식비까지 줄일 수 있는, 알고 보면 별 것 아닌 노하우! 몇 번의 되풀이 후 습관만 된다면 일석삼조 이상의 효과를 볼 수 있다. 이 책이 부디 그런 건강한 습관의 밑거름이 되기를 바란다.

최승주

CONTENTS

PROLOGUE 한 가지 재료로 반찬과 국을 동시에 만드는 법 소개합니다

BASIC
눈으로 익히는 계량　10
알뜰 장보기 팁　12
식탁에 자주 오르는 재료 100가지　14

맛내기가 쉬워지는 요긴한 가루들　22
요리에 자신감을 붙여주는 시판 소스 & 향신료　24

채소를 부탁해
채소 한 단, 두 가지 음식

감자
반찬 감자고추장조림　국물 감자옹심이국　30
가지
반찬 가지굴소스볶음　국물 가지냉국　34
호박
반찬 호박눈썹나물　국물 호박고추장찌개　36
오이
반찬 오이두반장볶음　국물 오이물김치　38
시금치
반찬 시금치샐러드　국물 시금칫국　40
냉이
반찬 냉이전　국물 냉이떡국　44
미나리
반찬 미나리고추장나물　국물 미나리탕　48
배추
반찬 배추깨나물　국물 배추된장국　52

봄동
반찬 봄동채무침　국물 봄동으깬두붓국　56
부추
반찬 부추액젓무침　국물 부추콩탕　60
참나물
반찬 참나물&폰즈소스　국물 참나물쇠고깃국　62
취
반찬 취나물볶음　국물 취된장국　66
쑥갓
반찬 쑥갓들기름무침　국물 쑥갓두부완자탕　68
깻잎 순
반찬 깻잎순된장나물　국물 깻잎순돼지고기얼큰찌개　72
아욱
반찬 아욱데리야키나물　국물 아욱수제비　74
고사리
반찬 고사리볶음　국물 고사리고추기름달걀탕　76
근대
반찬 근대데침&쯔유소스　국물 근대마른새우국　80
시래기
반찬 시래기볶음　국물 시래기콩가루국　82
양배추
반찬 양배추채볶음　국물 양배추베이컨롤탕　86
콩나물
반찬 콩나물매운볶음　국물 콩나물김치국밥　88
숙주
반찬 숙주팟타이소스볶음　국물 숙주연두부맑은탕　90

마늘종
반찬 마늘종볶음　국물 마늘종버섯국　92

고구마 순
반찬 고구마순볶음　국물 고구마순들깨탕　96

더덕
반찬 더덕간장조림　국물 더덕보프라기고추장찌개　98

도라지
반찬 도라지자반　국물 도라지부침전골　100

무
반찬 무간장조림　국물 무채대파국　104

버섯
반찬 버섯잡채　국물 버섯탕　106

브로콜리
반찬 브로콜리데침&소스　국물 브로콜리크림수프　108

달래
반찬 달래낙지젓갈무침　국물 달래수제비　112

고추
반찬 꽈리고추들깨무침　국물 풋고추멸치뚝배기　114

양파
반찬 양파겉절이　국물 양파수프　118

파
반찬 실파김무침　국물 대파얼큰국　122

연근
반찬 연근튀김&양념　국물 연근달걀흰자국　124

우엉
반찬 우엉멸치조림　국물 우엉들깨탕　126

토마토
반찬 토마토볶음　국물 토마토치즈수프　130

PART 2
고기와 달걀을 부탁해
고기 한 근, 두 가지 음식

소 안심
반찬 안심와사비구이　국물 안심무채국　134

소 등심
반찬 등심찹스테이크　국물 등심두부시금칫국　136

소 다리살
반찬 소다리살불고기　국물 소다리살미역국　138

소 갈비
반찬 갈비찜　국물 갈비당면탕　142

소 양지
반찬 양지약고추장　국물 양지배춧국　146

소 사태
반찬 사태장조림　국물 사태육개장　148

소 차돌박이
반찬 차돌박이데리야키볶음　국물 차돌박이된장찌개　152

돼지 안심
반찬 안심표고버섯구이　국물 안심쌀국수　156

돼지 등심
반찬 등심한입커틀릿　국물 등심볼고추장스튜　160

돼지 목살
반찬 목살수육　국물 목살고추장찌개　162

돼지 다리살
반찬 돼지다리살생강구이　국물 돼지다리살콩나물얼큰찌개　166

돼지 삼겹살
반찬 중국식통삼겹살찜　국물 삼겹살배추찌개　168

돼지 항정살
반찬 항정살김치볶음　국물 항정살두부찌개　170

돼지 갈비
반찬 등갈비구이　국물 등갈비들깨된장탕　174

닭 봉
반찬 닭봉간장조림　국물 닭봉토마토스튜　176

닭 가슴살
- 반찬 닭가슴살두반장볶음 국물 닭가슴살크림수프   178

닭 안심
- 반찬 안심파프리카잡채 국물 안심카레   182

닭 다리살
- 반찬 닭다리스테이크 국물 닭다리마늘삼계탕   184

닭 한 마리
- 반찬 닭양념찜 국물 닭개장   188

달걀
- 반찬 달걀김치말이 국물 달걀새우젓탕   190

메추리알
- 반찬 메추리알고추장볶음 국물 메추리알수란버섯국   192

PART 3
해산물을 부탁해
생선 한 마리, 두 가지 음식

가자미
- 반찬 가자미구이 국물 가자미살감자지짐   198

갈치
- 반찬 갈치무조림 국물 갈치호박국   202

고등어
- 반찬 고등어튀김 국물 고등어얼큰찌개   204

꽁치
- 반찬 꽁치간장조림 국물 꽁치완자탕   208

명태
- 반찬 명태간장조림 국물 명태된장국   212

삼치
- 반찬 삼치카레구이 국물 삼치곤드레찌개   216

조기
- 반찬 조기탕수 국물 조기호박지짐   220

관자
- 반찬 관자레몬소스볶음 국물 관자토마토수프   222

바지락
- 반찬 바지락고추볶음 국물 바지락냉잇국   224

굴
- 반찬 굴초회 국물 굴국   228

꼬막
- 반찬 꼬막고추장떡 국물 꼬막해물탕   230

전복
- 반찬 전복버터마늘구이 국물 전복죽   232

홍합
- 반찬 홍합칠리볶음 국물 홍합미역국   234

우렁이살
- 반찬 우렁이살고추장무침 국물 우렁이살된장찌개   236

날치알
- 반찬 날치알쌈장 국물 날치알청경채맑은국   238

명란
- 반찬 명란구이 국물 명란호박찌개   240

게
- 반찬 게숙장 국물 게배추된장찌개   242

새우
- 반찬 새우후추구이 국물 새우레드카레탕   246

문어
- 반찬 문어간장무침 국물 문어꼬치탕   250

오징어
- 반찬 오징어초회 국물 오징어순두부찌개   252

주꾸미
- 반찬 주꾸미두반장볶음 국물 주꾸미맑은국   256

낙지
- 반찬 낙지볶음 국물 낙지전골   258

마른 멸치
- 반찬 멸치고추장볶음 국물 멸치달걀뚝배기탕   262

북어채
　반찬 북어보푸라기무침　국물 북어채감자국　266

오징어채
　반찬 오징어채간장볶음　국물 오징어채콩비지찌개　268

김
　반찬 김부각　국물 김새우살국　270

미역
　반찬 미역초무침　국물 미역된장국　274

파래
　반찬 파래무생채　국물 파래옹심이국　278

매생이
　반찬 매생이전　국물 매생이대구살국　280

톳
　반찬 톳된장나물　국물 톳돼지고기찌개　282

가공식품을 부탁해
통조림 한 개, 두 가지 음식

두부
　반찬 두부조림　국물 두부구이맑은탕　286

당면
　반찬 당면쇠고기볶음　국물 당면배추쌈전골　290

도토리묵
　반찬 도토리묵무침　국물 도토리묵김치말이　292

순두부
　반찬 순두부찜　국물 순두부찌개　294

콩비지
　반찬 콩비지채소전　국물 콩비지묵은지찌개　298

어묵
　반찬 어묵볶음　국물 어묵꼬치우동　302

베이컨
　반찬 베이컨감자채볶음　국물 베이컨말이스튜　304

햄
　반찬 햄실파전　국물 햄감자찌개　306

훈제 오리
　반찬 훈제오리파프리카볶음　국물 훈제오리매운전골　310

참치 통조림
　반찬 참치전　국물 참치콩나물찌개　314

꽁치 통조림
　반찬 꽁치피망전　국물 꽁치우거지된장찌개　316

고등어 통조림
　반찬 고등어크로켓　국물 고등어김치말이찌개　318

연어 통조림
　반찬 연어샐러드　국물 연어미역국　322

옥수수 통조림
　반찬 옥수수전　국물 옥수수달걀탕　324

눈으로 익히는 계량

음식을 만들 때 가장 중요한 것은 신선한 재료다. 그다음이 알맞은 양념을 사용해 가급적 정확한 계량으로 양념을 하는 것이다. 단위별 계량스푼과 계량컵의 크기를 비교해 어느 정도 양 차이가 나는지를 눈으로 익혀놓으면 메인 재료의 양이 달라졌을 때 어떤 양념을 얼마큼 더 줄이거나 늘릴지 가늠하기 쉽다. 계량스푼과 계량컵 하나 정도는 주방에 놓고 처음 시도하는 음식을 맛 낼 때는 계량을 해가면서 어느 정도 양의 양념이 들어가는지 기억해두자. 이렇게 하면 다음에 조리할 때 조리 시간을 줄일 수 있을 뿐 아니라 맛을 내는 데 자신이 생길 것이다. 가령 쇠고기를 양념해 불고기를 만들 것이라면 쇠고기 양을 500g 정도 잡고 그 양에 맞춰 간장이나 참기름, 다진 마늘, 설탕 등의 양을 메모해두거나 기억해두는 것이 좋다. 메인 재료의 양이 달라지면 거기에 맞춰 다른 양념을 조금씩 다르게 계량해야 맛이 나므로 1작은술이나 1/2작은술처럼 소량 단위의 계량스푼이 있으면 좀 더 쉽고 정확하게 원하는 맛을 낼 수 있다.

* 이 책에 등장하는 레시피 재료는 기본적으로 계량스푼과 계량컵을 이용하여 2인분 기준으로 계량되었다.

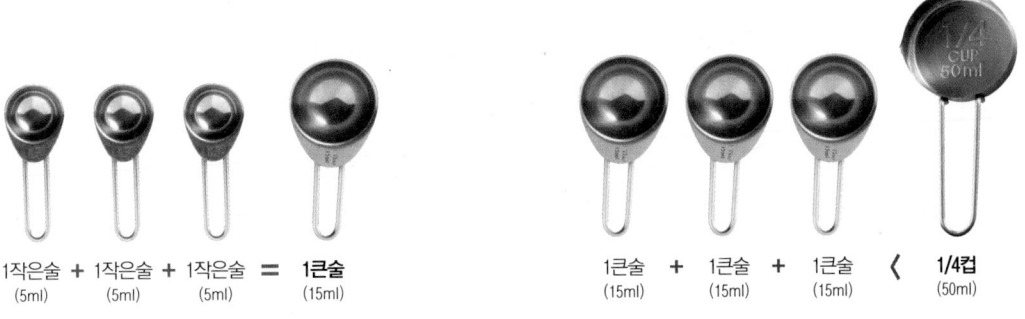

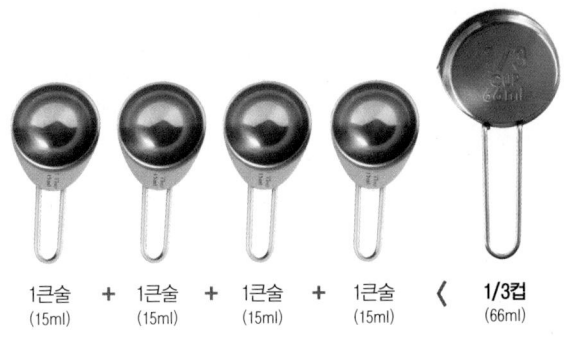

알뜰 장보기 팁

장보기는 일주일에 한 번!

장은 수시로 마트를 들락거릴 것이 아니라 일주일에 한 번 보는 것을 원칙으로 정한다. 평소 냉장고 문에 메모지를 붙여놓고 사야 할 양념, 재료, 생활용품 등을 그때그때 메모한다. 이렇게 하면 장 볼 때 빠트리는 것이 거의 없어 필요한 재료를 사러 다시 마트로 달려가는 경우가 없어진다. 또한 필요도 없는 것을 덜컥 사게 되는 충동구매도 줄일 수 있다.

일주일 식단을 '대충이라도' 염두에 둔다!

학교 급식이나 회사 직원 식당처럼 일주일, 한 달 식단을 꼼꼼히 짤 필요는 없지만 대충이라도 '이번 주에는 닭볶음탕을 한번 해 먹을까? 아니면 오징어볶음을 해 먹을까?' 하는 식으로 생각해놓으면 장보기가 훨씬 수월해진다. 부재료는 대파나 양파, 마늘 등의 재료가 있는지 체크하고 없는 재료를 미리 메모해두면 있는 걸 또 사는 일을 피할 수 있다.

식구 수에 맞춰 적정 양만 구입한다!

마트나 장에 가면 재료가 정말 싱싱하고 싸서 한꺼번에 많이 사놓는 것이 경제적이라고 느껴질 때가 많다. 또 '언제 또 장을 봐. 나온 김에 사야지.' 하는 생각으로 한 묶음이면 될 것을 두세 묶음을 집어 들기도 한다. 하지만 어떻게 보관하고 또 어떻게 조리해 먹을 것인지에 대한 생각이 없다면 구입하지 않는 것이 좋다.

장 본 후 바로 손질해 정리한다!

장을 보고 온 날이 더 먹을 것이 없다는 말을 가끔 한다. 장 본 재료를 정리하다 보면 피곤해 막상 음식을 만들 시간이 부족하거나 의욕이 사라져 대충 상을 차리게 되기 때문이다. 피곤해도 바로 손질해 정리하는 것을 습관으로 굳히는 것이 좋다. 생선이나 해물은 구이용, 조림용 등으로 나누고 한 끼 조리해 먹을 수 있을 양으로 나눠 보관하면 나중에 꺼내 조리하기도 편하다. 채소는 생으로 먹는 것은 물기 없이 보관하고 호박이나 가지, 고추 등 자주 먹는 재료는 남은 양을 늘 체크할 수 있도록 투명한 그릇이나 지퍼 백에 담아놓는다. 대파나 실파는 송송 썰어서 한 봉지, 어슷하게 썰어 한 봉지, 길쭉하게 썰어 한 봉지… 이런 식으로 담아 냉동해놓으면 물러져 버리는 경우가 없다.

저녁 식사 준비를 하면서 내일 아침 식사 준비도 함께 한다!

예를 들어 저녁 메뉴로 감자고추장찌개를 만든다면 재료를 준비하는 김에 감자와 양파를 한 개씩 더 손질한다. 여분으로 준비한 감자 한 개는 채 썰어 납작한 그릇에 담고 물을 자박하게 부어 냉장고에 넣어둔다. 채 썬 감자로는 베이컨이나 햄 등만 더해 팬 구이를 하거나 양파와 함께 양배추채볶음 같은 반찬을 만들 수 있다. 가지나 두부, 양배추, 브로콜리 등도 손질하는 김에 더 만들 음식이 없나 생각해보는 습관을 들이면 조리 시간을 줄이는 것은 물론 쓰기 귀찮아 냉장고에 넣어뒀다 버리는 재료 없이 알뜰하게 다 챙겨 먹을 수 있다.

육류는 비닐 랩으로 감싸거나 양념해 보관한다!

국거리용으로 사온 양지나 사태는 한두 번 먹을 양으로 잘라서 비닐 랩에 돌돌 말아 얼려 한 덩어리씩 바로 끓는 물에 넣어 국물을 낼 수 있도록 준비해 놓는다. 불고기용으로 사온 고기라면 한꺼번에 모두 양념하고 먹고 남은 반도 하루나 이틀 이내에 먹을 것이라면 냉장고에 넣지만 그렇지 않은 경우 그릇에 담아 냉동 보관하면 10일 정도는 더 보관할 수 있다. 불고기용 양념 고기는 불고기덮밥으로 활용할 수도 있고 잡채를 만들 때 넣어도 되니 조리 시간을 줄일 수 있다. 게다가 양념하지 않은 고기보다는 손쉽게 꺼내서 쓰게 되므로 냉동실에 오래 뒀다가 결국 허옇게 상해 버리는 일도 줄일 수 있다.

BASIC

식탁에 자주 오르는
재료 100가지

저녁 찬거리 준비를 위해 마트를 가도 뭘 사야 할지 막막할 때가 많다. 늘 해 먹는 재료만 눈에 띌 뿐, 어쩌다 눈에 띄는 제철 재료는 어떻게 조리해야 할지 엄두가 나지 않는다. 늘 사던 재료라도 조금만 조리법을 달리하면 식탁에 변화를 줄 수 있고, 제철 재료도 대표 조리법 한두 가지만 알아놓으면 응용하여 사철 새롭고 풍성한 식탁을 차릴 수 있다. 누구나 무난하게 조리할 수 있는 대표 식재료 100가지와 그 대표 조리법을 알아본다.

채소 35가지

1 **감자** 조림이나 볶음, 국이나 찌개 등 어떤 음식을 만들어도 무난하게 맛을 낸다.
2 **가지** 기름을 잘 흡수해 볶음이나 무침, 튀김에 잘 맞는다.
3 **고구마 순** 주로 나물로 볶아 먹는데, 생선조림 할 때 함께 조려도 맛있다.
4 **고사리** 나물로 볶거나 육개장처럼 얼큰한 찌개에 넣으면 부드럽고 맛있다.
5 **고추** 다양하게 조리하는데 속을 채워 튀기거나 전을 부쳐도 좋다. 꽈리고추는 무침에 어울린다.
6 **근대** 주로 된장국에 넣어 먹지만 살짝 데쳐 나물로도 즐길 수 있다.
7 **깻잎 순** 데치거나 볶으면 나물로 즐길 수 있다. 생선이나 육류 등의 찌개나 국 등에 넣으면 향긋한 냄새가 좋다.
8 **냉이** 나물로 주로 밥상에 오르지만 찌개나 만두 소 등에 넣으면 냉이 특유의 향이 맛을 좋게 한다.
9 **달래** 무침이나 양념장에 주로 쓰지만 찌개나 국 등에 넣어 맵싸한 맛을 돋우기도 한다.
10 **도라지** 나물로 주로 먹지만 곱게 다져 튀김이나 전으로도 만들 수 있다.
11 **무** 주로 조림, 국, 생채로 조리하는데 갈아서 메밀국수에 넣거나 튀김 장에 섞으면 소화를 돕는다.
12 **더덕** 양념을 발라 굽거나 기름 두른 팬에 나른하게 구우면 별미. 잘게 두들겨 생채로 무쳐도 좋다.
13 **마늘종** 장아찌로, 볶음으로 주로 조리한다. 데치면 매운맛이 누그러져 양념에 무쳐 먹을 수 있다.
14 **미나리** 주로 찌개나 전골에 고명으로 올려 향과 맛을 더하지만 데치면 나물로도 어울린다.
15 **배추** 김치 외에 국이나 무침, 겉절이 등 다양하게 조리한다. 자근자근 두들겨 전을 부쳐도 맛있다.
16 **버섯** 볶음이나 잡채 등에 넣으면 맛있다. 국이나 찌개, 전 등에도 잘 어울린다.
17 **봄동** 주로 겉절이나 나물로 상에 오르지만 쌈이나 샐러드로 만들어도 좋다.
18 **브로콜리** 데쳐서 장에 찍어 먹는 방법이 대표적. 샐러드 재료로 좋고 수프에 넣어도 좋다.
19 **시금치** 대중적인 나물 재료 중 하나. 된장을 풀고 국을 끓여도 맛있다.
20 **시래기** 양념을 해 볶은 나물은 쇠고기에 버금갈 정도로 맛있다. 국이나 생선조림에 잘 어울린다.
21 **숙주** 나물로 주로 해 먹지만 육개장이나 쇠고기국에 넣기도 한다. 쌀국수에는 필수.
22 **쑥갓** 전골이나 찌개의 고명으로 사용. 도토리묵을 무칠 때 단골. 생으로 양념해 비무려도 좋다.
23 **아욱** 된장찌개의 단골 재료. 나물로 무쳐도 좋고 된장으로 맛을 내는 수제비와도 어울린다.
24 **양배추** 쪄서 쌈을 해 먹거나 곱게 채 썰어 돈가스에 곁들이는 샐러드로 인기. 김치나 피클로도 좋다.
25 **양파** 대표 양념 재료 중 하나지만 장아찌나 무침으로 만들어도 좋다.
26 **연근** 조림 반찬으로 좋고 튀김이나 전 등을 만들어도 맛있다.
27 **오이** 김치나 겉절이 등에 잘 어울리고 채 썰어 고명으로 올려도 좋다.
28 **우엉** 조림이나 볶음 등의 반찬으로 어울린다. 데쳐서 전을 부치면 맛있다.
29 **참나물** 향이 좋아 샐러드 재료로 제격. 살짝 데쳐서 무쳐도 좋고 생으로 즐겨도 맛있다.
30 **취나물** 쌈 싸먹으면 좋고, 된장이나 고추장을 넣어 무치면 입맛 도는 나물이 된다.
31 **콩나물** 나물로, 국으로, 찌개로 다양하게 응용할 수 있다. 콩나물 넣고 지은 밥도 맛있다.
32 **토마토** 주스나 샐러드로 조리. 달걀과 볶아 먹어도 맛있다. 삶아서 소스로 만든다.
33 **파** 육개장에 듬뿍 넣기도 하고 대파로만 국을 끓이기도 한다. 실파는 나물로 무친다.
34 **호박** 볶아서 나물로 만들거나 찌개나 국에 넣어 맛을 낸다. 튀김이나 전으로도 좋다.
35 **부추** 생으로 먹어도 좋고 김치를 담궈도 맛있다. 탕이나 찌개의 곁들이 재료로도 많이 활용된다.

고기와 달걀 21가지

쇠고기
1 안심 육질이 연해 스테이크와 구이로 조리된다. 별다른 간 하지 않고 굽기만 해도 맛있다.
2 등심 구이용으로 가장 대중적. 뭉근히 끓이는 음식에도 잘 어울린다.
3 사태 장조림이나 찜, 국, 찌개에 주로 사용한다.
4 다리살 양념해 굽는 불고기나 잡채, 만두소 등으로 넣으면 좋다.
5 양지 국을 끓일 때 가장 많이 쓰는 부위. 기름기가 적당히 퍼져 있어 구수하다.
6 차돌박이 구워서 소스에 찍어 먹거나 채소와 함께 살짝 볶으면 맛있다. 쌀국수에도 잘 어울린다.
7 갈비 찜이나 탕을 만들기에 좋다. 구워 먹을 것이라면 구이용으로 손질된 것으로 준비한다.

돼지고기
8 안심 커틀릿이나 다져서 완자를 만들기에 좋다. 채 썰어 잡채를 만들어도 좋다.
9 등심 튀김이나 볶음 등에 잘 어울린다. 다져서 만두소나 패티로 만들기에 적당.
10 목살 수육을 만들기에 좋고 채소와 볶아도 맛있다.
11 삼겹살 구이용으로 가장 인기. 통삼겹살은 통째 삶거나 오븐에 구우면 맛있다.
12 항정살 구이용으로 적당. 김치찌개나 볶음밥 등에 잘게 썰어 넣으면 좋다.
13 등갈비 탕으로 만들거나 소스를 발라 오븐이나 팬에 구우면 맛있다.
14 다리살 밑간을 잘해 육질을 부드럽게 하면 구이, 찌개 등 다양한 요리에 활용하기 좋다.

닭고기&알류
15 가슴살 스테이크나 튀김 등에 잘 어울리고 삶아서 쭉쭉 찢어 샐러드 재료로 사용한다.
16 봉 튀김이나 구이 등에 어울린다. 뭉근히 끓이는 수프나 스튜와도 잘 어울린다.
17 다리 튀김이나 조림에 잘 어울린다. 살만 발라 스테이크처럼 굽거나 커틀릿으로 만들어도 좋다.
18 안심 튀김이나 카레, 볶음 등에 잘 어울린다.
19 닭 한 마리 양념을 해 찜을 하거나 조리면 좋다.
20 달걀 찜, 구이, 말이, 조림 등 다양한 음식에 잘 어울린다.
21 메추리알 장조림이나 샐러드 재료로 잘 어울린다.

쇠고기

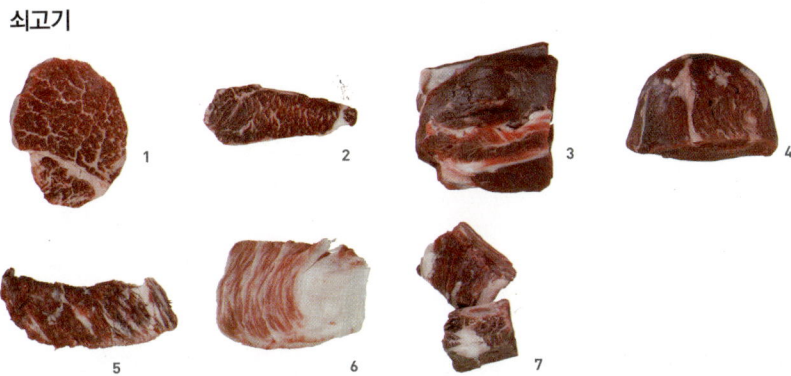

돼지고기

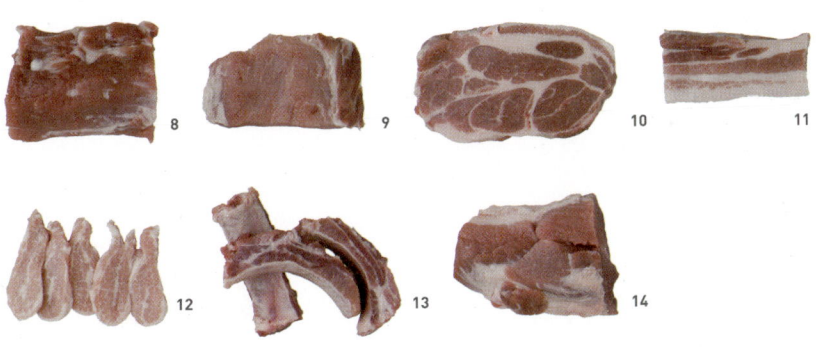

닭고기 & 알류

BASIC

생선과 해물, 해조류 30가지

1 고등어 생물은 조림으로, 자반은 구이로 주로 조리한다.
2 갈치 조림이 대표적 조리법. 살이 도톰한 것은 구워도 맛있다. 신선한 것은 국을 끓여도 좋다.
3 삼치 구이나 조림 등에 잘 어울린다. 살만 발라 튀기면 연한 맛이 더욱 좋다.
4 명태 주로 탕이나 국을 끓이지만 반 정도 말린 것은 조림으로도 조리한다.
5 가자미 굽거나 무나 감자를 깔고 조리는 것이 대표적. 살만 발라 죽을 끓이거나 튀겨도 맛있다.
6 꽁치 구이나 조림에 잘 어울린다. 살만 발라 전을 부쳐도 맛있다.
7 조기 구이나 탕으로 주로 조리한다. 크지 않은 것은 통째 튀기면 맛있다.
8 새우 굽거나 볶으면 맛있다. 익힌 후 살만 바르면 샐러드에 잘 어울리고 튀김으로도 좋다.
9 게 탕이나 찌개에 넣거나 조림 등에도 잘 어울린다. 간장을 이용해 게장을 담그거나 튀김을 해도 맛있다.
10 낙지 생으로 먹기도 하고 데쳐서 볶는 음식이 대표적.
11 오징어 데쳐서 볶거나 튀김옷을 입혀 튀기면 맛있다. 데쳐서 그대로 초장에 찍어 먹어도 좋다.
12 주꾸미 데쳐서 볶아 먹으면 좋다. 탕이나 찌개로 끓여도 맛있다.
13 문어 데쳐서 회로 먹거나 간장이나 고추장을 넣어 무치면 맛있다.
14 관자 버터로 굽거나 볶으면 맛있다. 구워서 샐러드에 넣기도 하고 스파게티 재료로도 쓴다.
15 홍합 국물 음식을 만들거나 통째 볶아도 맛있다. 삶아서 살을 바르면 전이나 죽, 무침으로도 좋다.
16 굴 싱싱한 것은 생것으로 먹는다. 찌개나 국 등에 넣고 부침개로 만들어도 맛있다.
17 바지락 국물 음식에 두루 어울린다. 살만 발라 전을 부치거나 죽을 끓이기도 한다.
18 꼬막 양념으로 무치는 것이 대표적인 조리법. 살을 발라 옷을 입혀 튀기기도 하고 전을 부쳐도 좋다.
19 전복 잘게 썰어 죽을 끓이는 것이 일반적이다. 살을 저며 채소와 볶거나 탕에 넣기도 한다.
20 우렁이 주로 된장찌개에 넣어 조리한다. 살만 발라 새콤달콤하게 무치면 맛있다.
21 날치알 롤이나 돌솥밥 등에 넣는 것이 대표적. 양념장으로 만들기도 한다.
22 명란 젓갈을 만들거나 탕을 끓이면 맛있다. 채소와 함께 구워도 좋다.
23 멸치 주로 볶아 먹는다. 깻잎이나 두부 등을 조릴 때 함께 넣으면 맛있다.
24 북어채 무침이나 국 등을 많이 해 먹는다. 곱게 갈아서 양념에 무치는 전통 음식인 보푸라기도 맛있다.
25 오징어채 주로 볶음이나 무침 등으로 조리한다. 다져서 비빔밥 등에 넣기도 한다.
26 톳 무침이나 장아찌로 만든다. 쌀에 넣어 밥을 지어도 맛있다.
27 파래 무침이나 전 등에 어울린다. 해물과 함께 넣고 끓인 국도 맛있다.
28 매생이 국이나 전 등에 어울린다. 탕이나 찌개 등에 넣어 먹으면 좋다.
29 미역 국으로 끓이는 것이 대표적. 무침을 해도 좋고 마른 것은 부각으로 만든다.
30 김 잘 알고 있는 구워 먹는 방법 외에 양념을 넣어 나물처럼 무쳐도 좋고 국을 끓여도 좋다. 부각을 만들어도 맛있다.

가공식품 14가지

1 **두부** 찌개나 구이로 만든다. 으깨서 만두소에 넣거나 전 등을 부쳐도 좋다.
2 **당면** 잡채가 기본. 탕이나 국에 넣으면 쫄깃한 맛에 건져 먹는 즐거움을 느낄 수 있다.
3 **도토리묵** 양념과 채소를 넣어 무치거나 김치를 썰어 넣고 말아 먹는 것도 별미.
4 **순두부** 찌개가 대표적. 국물 요리에도 잘 어울리고 양념장을 끼얹어 떠먹어도 맛있다.
5 **콩비지** 콩을 삶아 곱게 간 것으로 국이나 탕을 끓이거나 전을 부쳐도 맛있다.
6 **어묵** 탕이나 볶음 요리에 잘 어울린다. 김밥에 넣기도 한다.
7 **참치 통조림** 그냥 먹어도 맛있고 전을 부치거나 볶음밥, 찌개에 넣어도 어울린다.
8 **꽁치 통조림** 찌개를 끓이거나 으깨서 완자를 만들 때 사용하면 좋다.
9 **햄** 찌개를 끓이거나 달걀옷을 입혀 전을 부치면 밥반찬으로 좋다.
10 **훈제 오리** 구워서 기름기를 뺀 후 소스에 찍어 먹으면 맛있다. 채소를 넣어 볶거나 전골 재료로 좋다.
11 **베이컨** 구워서 기름을 뺀 후 샌드위치에 넣어도 좋고 잘게 썰어 볶아도 맛있다.
12 **고등어 통조림** 찌개나 조림 등에 잘 어울린다. 으깨면 다양한 음식으로 변화를 줄 수 있다.
13 **연어 통조림** 샐러드 재료로 좋고 맑은국을 끓일 때도 좋다. 으깨서 전을 부치면 깔끔하다.
14 **옥수수 통조림** 샐러드 재료로 좋고 갈아서 수프로 만들어도 좋다. 전을 부쳐도 맛있다.

BASIC

맛내기가 쉬워지는 요긴한 가루들

손질한 생선에 밀가루를 뿌려 옷을 입힌 후 기름 두른 팬에 구우면 바삭한 맛을 낼 수 있다. 카레가루를 튀김 반죽에 넣거나 생선을 조릴 때 넣으면 카레 향을 더할 수 있어 좋다. 이처럼 음식을 만들 때 활용하면 색다른 맛을 즐길 수 있게 해주는 가루 재료를 소개한다.

들깻가루
국물을 바특하게 잡아 끓이는 탕이나 찌개에 넣어 맛을 내는 가루로 데친 나물과도 잘 어울린다. 된장으로 맛을 내는 시래깃국이나 머위무침 등에 넣으면 고소한 향을 더할 수 있다. 수제비 반죽을 만들 때 넣어도 되고 튀김옷을 만들 때 밀가루와 반반씩 섞어도 좋다. 달걀찜을 할 때도 한 숟가락 정도 넣으면 들깨 향이 퍼져 맛있다.

생콩가루
시래기나 우거지 등을 밑간할 때 생콩가루를 넣어 버무렸다가 국물이 끓고 있을 때 넣으면 생콩가루가 익으면서 재료에 옷을 입힌 것처럼 되는데 이때 콩의 고소한 향이 더해져 나물의 맛을 더 좋게 한다. 생콩가루에 물을 섞어 주르륵 흐를 정도의 농도로 만들어 끓는 김칫국에 넣거나 무채 국에 넣으면 몽글몽글 순두부처럼 익어 부드럽고 고소한 맛을 즐길 수 있다.

카레가루
카레를 만들 때 외에는 활용도가 많지 않은 편이지만 의외로 쓰임이 많다. 밀가루에 카레가루를 더해 생선에 고루 입혀 팬에 구우면 생선의 비릿한 맛이 누그러지면서 카레 향이 돌아 입맛을 돋운다. 전 반죽에 넣어도 좋은데 전의 색깔이 노랗게 되면서 향도 나서 색다르다. 볶음밥을 할 때도 마지막에 카레가루를 뿌려 섞으면 별식이 된다.

밀가루
국수, 수제비, 전 등을 만들 때는 물론이고 튀김이나 전에 옷을 입힐 때도 꼭 있어야 하는 재료. 김치를 만들 때 밀가루 풀을 만들어 넣기도 한다. 생선을 구울 때 밀가루를 고루 입혀 구우면 기름이 튀지 않고 생선 살이 팬에 들러붙는 것도 막을 수 있다. 요리 외에 낙지나 주꾸미 등 빨판이 있는 해산물을 씻을 때도 밀가루를 넣어 바락바락 주물러 씻으면 이물질을 말끔히 제거할 수 있다. 기름기 묻은 팬이나 그릇을 씻을 때도 밀가루를 한 스푼 정도 넣어 문지른 후 씻어내면 말끔하다.

빵가루
튀김옷을 만들 때 마지막으로 옷을 입혀 바삭한 맛을 내는 빵가루. 간 고기로 패티를 만들 때 반죽에 빵가루를 넣으면 고기나 양파, 맛술 등의 양념에서 생기는 수분을 흡수하고 잘 뭉쳐지게 한다. 해물파전을 만들 때도 반죽에 빵가루를 넣으면 밀가루로만 전을 부쳤을 때 보다 바삭한 맛을 더 즐길 수 있다.

찹쌀가루
얄팍하게 슬라이스한 채끝살이나 안심을 찹쌀가루 옷을 입혀 구우면 고기가 익으면서 육즙이 빠지는 것을 막고 쫄깃한 맛도 더해준다. 뜨거운 물을 붓고 익반죽해 동그랗게 새알심을 만들어 팥죽이나 호박죽에 넣어도 되고 미역국에 넣어도 된다. 익반죽한 후 동그랗게 호박전 크기로 부쳐 견과류를 얹고 가볍게 눌러 전을 부쳐 꿀에 찍어 먹으면 고급스런 간식이 된다. 부각을 만들 때도 찹쌀가루 풀을 만들어 부각 재료에 바르면 튀겨서 먹을 때 바삭한 맛이 좋다.

녹말가루
해물찜이나 콩나물찜 등을 만들 때 마지막에 녹말물을 부으면 음식에 윤기가 돌고 양념에서 나오는 물기를 잡아줘 음식이 깔끔해진다. 낙지나 오징어를 볶았는데 국물이 많이 생겼다면 물과 녹말가루를 동량으로 섞은 녹말물을 끼얹으면 수분도 잡히고 윤기도 더해져 일석이조. 튀김옷을 만들 때 밀가루 대신 녹말가루를 넣으면 더욱 바삭바삭해진다. 탕수육을 만들 때 고기에 녹말가루를 넣어 반죽하고 다시 옷을 입히면 바삭하면서 따뜻함도 오래 유지할 수 있다.

요리에 자신감을 붙여주는
시판 소스 & 향신료

액젓
액젓만 잘 사용해도 조미료처럼 즉각적인 풍부한 맛을 낼 수 있다. 국이나 찌개를 끓일 때 국간장이나 소금 대신 넣으면 간뿐만 아니라 감칠맛까지 얻을 수 있어 맛내기가 쉽다. 국간장이 지나치게 짜거나 색이 검어 국물의 색이 탁해질 것 같으면 국간장과 동량의 액젓을 넣어본다. 콩나물이나 시금치처럼 자주 상에 올리는 나물의 맛이 잘 나지 않을 때 액젓을 사용하면 원하는 맛을 낼 수 있다.

쯔유
우동, 메밀국수, 어묵탕 등에서 나는 특유의 감칠맛과 향은 바로 쯔유의 힘이다. 집에서 냉메밀을 만들 때 멸치나 다시마 우린 물에 일정량의 쯔유를 넣고 와사비와 무 간 것만 넣으면 완벽한 맛을 얻을 수 있다. 우동을 끓일 때도 쯔유를 넣으면 일식집에서 먹는 맛이 난다. 이외에 배추나 두부를 넣어 맑게 끓이는 전골에도 쯔유를 넣어 국물 맛을 내면 깔끔하게 즐길 수 있다.

폰즈소스
전골이나 샤부샤부의 채소와 고기를 건져 찍어 먹는 소스로 새콤달콤한 맛이 난다. 구운 두부에 곁들이는 양념장으로 활용해도 좋다. 데친 오징어와 채소에 끼얹어 냉채처럼 즐길 수도 있다. 데친 나물을 일반 양념을 하지 않고 깔끔하게 먹고 싶을 때 이용해도 훌륭하다.

팟타이소스
쌀국수를 볶을 때 사용하는 소스. 쌀국수를 삶고 숙주와 해물 등을 준비해 팟타이소스를 넣어 센 불에서 볶으면 태국 음식점에서 맛보는 팟타이를 만들 수 있다. 볶음밥을 만들 때도 이 소스를 넣으면 이국적인 맛이 난다.

쌀국수 장국
쌀국수 국물을 만드는 소스이다. 냄비에 물을 담고 제품 라벨에 표시된 용량만큼 붓고 끓이면 쌀국수 전용 육수가 만들어진다. 여기에 고기나 해산물을 넣고 레몬이나 라임 조각을 넣으면 전문식당 표 쌀국수를 맛볼 수 있다. 양파 채와 송송 썬 고추는 따로 준비해 나중에 얹어 먹어도 되고 국물을 끓일 때 함께 넣어도 맛있다.

굴소스
이제 대중적인 소스가 된 굴소스. 집에서 자장면을 만들 때 굴소스가 빠지면 제맛을 낼 수 없다. 해물을 볶거나 밥을 볶을 때, 우동 면을 삶아 볶을 때도 굴소스를 넣으면 감칠맛을 더할 수 있어 맛을 내기가 쉽다. 병째 소스를 붓다보면 많은 양이 들어가 느끼할 수 있으므로 항상 계량스푼에 먼저 담아 양을 가늠해보고 넣는 것이 좋다.

두반장
굴소스처럼 이제는 대중적으로 널리 알려진 두반장. 볶음밥을 만들 때 넣어도 좋고 파스타를 만들 때 넣어도 맛있다. 오이나 양배추 등을 큼직하게 썰어 겉절이처럼 버무릴 때 넣으면 입맛을 자극한다. 다진 쇠고기나 돼지고기에 두반장을 넣어 볶은 후 녹말물을 풀어 넣으면 마파두부소스로도 손색없다. 짠맛이 진하므로 설탕을 조금 넣어 단맛을 더하거나 양파, 양배추 등 익히면 단맛이 나는 채소를 넣고 조리하면 설탕의 양을 줄일 수 있다.

칠리소스
시판 칠리소스의 종류는 매우 많다. 칠리소스라고 해도 매운맛의 정도가 다 다른데 제품 설명을 읽어보고 순한 맛과 강한 맛 중에서 선택하는 것이 좋다. 칠리소스는 매콤한 맛을 강하게 내고 싶을 때 사용하는데 새우를 튀긴 후 칠리소스에 한 번 버무리면 칠리새우를 만들 수 있다. 파프리카나 양파, 양배추 등의 채소를 매콤하게 볶고 싶을 때도 이 칠리소스를 넣으면 맛 내기가 쉽다. 스파게티소스를 만들 때 넣으면 매콤한 맛을 더할 수 있고 스튜나 피자소스를 만들 때 넣으면 맛이 확 살아난다.

토마토 퓌레
토마토의 껍질과 씨 등을 제거하고 갈아서 다른 양념을 하지 않은 퓌레는 토마토의 신선한 향을 즐길 수 있다. 스파게티나 피자소스 등을 만들 때 토마토 퓌레만 있으면 집에서도 간단하게 만들 수 있다. 양파, 마늘, 고기, 해산물 등 준비한 재료를 볶다가 토마토 퓌레를 넣어 수분이 졸아들도록 조리다가 바질이나 오레가노, 후춧가루 등을 넣으면 된다.

핫소스
매우면서 시큼한 맛이 나는 핫소스는 주로 피자에 뿌려 먹는데 볶음 음식에 넣으면 신맛은 다소 날아가고 매운맛은 진해져 강한 맛을 즐길 수 있다. 생선튀김이나 새우튀김을 찍어 먹는 소스에 넣거나 구운 훈제 오리를 찍어 먹는 소스에 넣어도 맛있다.

고추기름
고춧가루를 기름에 넣어 볶다가 체에 걸러 기름만 받은 것으로 칼칼하게 매운 맛이 입맛을 살린다. 육개장 조리 시 채소와 삶아 찢은 고기를 애벌로 양념할 때 넣기도 하고 해물을 볶아 국수를 넣고 삶은 짬뽕 스타일의 면 요리를 만들 때도 요긴하다. 콩나물을 볶을 때도 고추기름을 두르고 볶으면 일반적인 무침과는 사뭇 다른 색다른 맛을 낼 수 있다.

토마토케첩
간이 다 되어 있으므로 찍어 먹는 소스로의 용도 외에도 스피디하게 볶음밥을 하거나 파스타를 만들 때 넣으면 손쉽게 맛을 낼 수 있다.

팔각 / 정향
팔각과 정향은 소스는 아니지만 간장에 넣어 끓이면 중국식으로 음식을 만들 때 요긴하다. 특유의 향이 입맛을 돌게 하는데 돼지고기 요리에 넣으면 특히 큰 효과를 얻을 수 있다. 통삼겹살을 팬에 애벌로 구운 후 간장과 물, 설탕, 생강, 대파 등을 넣고 팔각과 정향을 넣어 찜을 찌듯 삶아 자르면 동파육과 비슷한 음식을 만들 수 있다. 우럭이나 도미를 찔 때도 물에 팔각과 정향을 넣으면 향이 우러나 비린내는 잡고 생선의 맛을 산뜻하게 끌어올린다.

으깬 마른 고추
태국이나 인도, 남미 등에서 생산되는 알이 작지만 매운맛이 진한 홍고추를 말려 굵직하게 빻은 것. 볶으면 매운맛이 더 상승한다. 홍합이나 바지락 등 조개는 물론 오징어나 낙지 등을 볶을 때 넣어도 좋고 얼큰한 찌개를 끓일 때 넣어도 효과가 크다. 맑은 국물이지만 매콤한 맛을 원할 때 뿌려 먹어도 좋다. 올리브오일과 마늘만 넣어 만든 갈릭올리브파스타를 만들 때 넣어도 좋고 봉골레파스타에 알싸한 맛을 더할 때도 필수 재료.

월계수 잎
은은한 향이 나는 잎으로 맛을 더하거나 영양이 있는 것은 아니지만 잡냄새를 잡아주고 밋밋한 음식에 향을 더해준다. 그릴이나 팬에 구워 먹을 고기에 소금과 오일을 뿌려 미리 재놓을 때 월계수 잎을 통째 넣거나 굵직하게 부숴 함께 넣으면 고기 특유의 누린내가 다소 가신다. 피클을 만들 때나 토마토소스를 만들 때 많이 사용하는데 식욕을 돋우는 향이 은은하게 배어 음식의 맛을 끌어올린다.

가쓰오부시
메밀국수, 어묵, 맑은 생선국, 두붓국 등 맑은 국물 음식을 만들 때 사용하면 깔끔하면서도 감칠맛이 돈다. 끓는 물에 넣어 잠시 두었다가 건지면 국물에 향이 우러난다. 쯔유나 폰즈소스 등과도 잘 어울려 이들 소스를 뿌려 맛을 내는 음식에 고명으로 얹어도 맛있다.

와사비
양념장을 만들 때 알싸하게 톡 쏘는 맛을 내고 싶을 때 와사비를 넣으면 된다. 간장이나 마요네즈, 폰즈소스 등 어디에나 잘 어울린다. 어묵탕이나 구운 생선을 찍어 먹는 곁들이 소스를 만들 때 넣으면 좋다.

홀 토마토

홀 토마토는 토마토를 살짝 익혀 껍질을 벗겨 그대로 통조림으로 만든 것으로 스파게티소스나 피자소스 등을 만들 때 사용한다. 토마토 퓌레는 주스처럼 묽은 형태지만 홀 토마토는 덩어리가 져 있어 갈거나 굵직하게 다져서 조리한다.

레드 카레 페이스트 / 그린 카레 페이스트

태국이나 동남아시아식의 카레를 만들 때 필요한 재료. 붉은 고추와 레몬그라스, 마늘, 커민, 셜롯, 생강, 새우 페이스트 등을 넣어 만든 레드 카레 페이스트는 붉은 색이 나는 카레. 홍고추 대신 녹색 고추를 넣은 그린 카레 페이스트는 초록색이 도는 카레다. 강한 맛이 나지만 은근히 중독성이 있는데 만드는 법은 일반 카레와 비슷하다. 짠맛이 강한 편이라 우유를 넣으면 고소한 맛을 살리면서 짠맛을 누그러뜨릴 수 있다. 원래는 코코넛 밀크를 넣어 만들지만 구하기 쉬운 우유를 넣어도 된다. 밥 위에 얹는 것은 물론 난을 찍어 먹어도 맛있고 토르티야를 팬에 구워 찍어 먹어도 잘 어울린다. 닭고기를 튀길 때 카레 페이스트로 양념을 하면 탄두리치킨과 비슷한 맛을 낼 수 있다.

PART 1

나물로, 무침으로 혹은 쌈으로, 때로는 국으로, 더러는 전으로… 채소로 만들 수 있는 음식은 참 많아요. 하지만 미나리 한 단, 부추 한 단, 콩나물 한 봉지를 미처 다 먹지 못해 냉장고에 넣어 두었다가 그만 물러지거나 상해 버리는 경우가 허다하죠. 몸에 좋은 채소를 낭비 없이 알뜰하게 다 맛있게 먹는 방법을 알려드립니다.

채소를 부탁해
VEGETABLE

채소 한 단, 두 가지 음식

반찬 감자고추장조림

국물 감자옹심이국

감자고추장조림
감자옹심이국

필수아미노산을 고루 지닌 우수 알칼리성식품인
감자를 이용한 음식은 무궁무진. 찌거나 구워서 그대로 먹어도 맛있지만
고추장 양념에 넣어 조리면 매콤한 맛이 도는 밥반찬으로 그만이다.
강판이나 믹서에 갈아 완자로 만들면
한 입에 먹기도 좋고 속을 달랠 국으로도 좋다.

감자고추장조림

감자 · · · · · · · · · · 1개	식용유 · · · · · · · · 1작은술
양파 · · · · · · · · · · 1/4개	고추장 · · · · · · · · 1큰술
대파 · · · · · · · · · · 1/3대	설탕 · · · · · · · · · · 1/2작은술
물 · · · · · · · · · · · · 2/3컵	다진 마늘 · · · · · · 1/2작은술

HOW TO

1. 감자는 한 입에 먹기 좋은 크기로 잘라 맑은 물에 헹궈 건진다.

2. 양파는 손톱만 한 크기로 네모지게 자르고 대파는 어슷하게 썬다.

3. 속이 깊은 팬에 식용유를 두르고 양파를 넣고 볶다가 감자를 넣고 물을 붓는다.

4. 한소끔 끓으면 고추장과 설탕을 넣어 풀고 다진 마늘과 대파를 넣고 국물이 바특해질 때까지 뚜껑을 덮어 조린다.

Tip

조림이나 지짐처럼 물이 약간 필요한 음식을 만들 때 물 대신 멸치 육수를 넣으면 감칠맛이 훨씬 좋아진다. 하지만 번거롭다면 물을 붓고 국물용 멸치 2~3개 정도 넣어 끓인 후 멸치는 건져내는 것도 방법이다.

감자옹심이국

감자	2개	대파	1/3대
밀가루	2큰술	국간장	1큰술
달걀	1개	다진 마늘	1작은술
멸치 육수(물 3컵+국물용 멸치 6마리)	3컵	소금	조금
		후춧가루	조금

HOW TO

1. 감자 1+1/2개는 강판이나 믹서에 갈아 체에 밭쳐 물기를 빼고 나머지 1/2개는 저며 썬다.

2. 감자 간 것에 밀가루와 달걀흰자만 넣어 고루 섞고 소금으로 약하게 간한다.

3. 냄비에 멸치 육수와 저며 썬 감자를 넣어 끓이다가 2의 감자 반죽을 숟가락으로 동그랗게 만들어가며 떠 넣어 둥둥 떠오를 때까지 끓인다.

4. 다진 마늘과 국간장으로 간을 맞춘 후 불에서 내리기 직전에 달걀노른자를 풀어 끼얹고 어슷하게 썬 대파와 후춧가루로 맛을 더한다.

> *Tip*
> 감자를 강판에 갈아 체에 받쳐 물기를 빼거나 밀가루를 조금 더해 되직하게 만들어 고기 패티처럼 구우면 간식으로 좋다. 이때 다진 채소나 햄, 옥수수 통조림 등을 넣으면 씹는 맛을 더할 수 있다.

반찬 가지굴소스볶음

국물 가지냉국

가지굴소스볶음
가지냉국

가지는 안토시아닌이 풍부한 채소로
데쳐서 나물로 무치거나 볶으면 부드러운 맛이 일품이다.
기름 흡수를 잘해 식용유나 들기름, 참기름 등으로 맛을 내면
맛과 영양 모두 균형을 이룰 수 있다.

가지굴소스볶음

가지(대)	1개
양파	1/4개
식용유	1큰술
굴소스	1큰술
다진 마늘	2작은술
통깨	조금

Tip
굴소스는 중국식 요리에 두루 사용되는 소스. 볶음이나 애벌 볶다가 물을 붓고 끓이는 국물 음식에도 두루 사용된다. 감칠맛이 진해 지나치게 많이 넣으면 느끼할 수 있다. 간장이 주된 양념이 되는 볶음 음식을 만들 때 넣으면 맛이 잘 어울린다.

HOW TO

1. 가지는 반으로 길쭉하게 자른 후 반달 모양으로 너무 두껍지 않게 저며 썬다.

2. 양파는 도톰한 두께로 채 썬다.

3. 달군 팬에 식용유를 두르고 양파를 넣어 숨이 죽도록 볶다가 가지를 넣어 볶는다.

4. 가지가 나른하게 되면 굴소스와 다진 마늘을 넣어 고루 맛이 배도록 볶는다. 통깨를 뿌려 고소한 맛을 더한다.

가지냉국

가지(대)	1개
실파	2뿌리
홍고추	1/2개
멸치 육수(물 2컵+국물용 멸치 4~5마리)	2컵
국간장	1큰술
액젓	1/2큰술
참기름	1/2큰술
다진 마늘	1/2작은술
고춧가루	1작은술
통깨	1작은술
조각 얼음	4조각

Tip
냉국에 사용할 육수는 미리 냉장고에 넣어 차게 식혀두면 조각얼음을 넣어도 금방 녹지 않아 시원한 맛을 오래 즐길 수 있다. 가지에 양념을 충분히 했으므로 국물에 간을 더하지 않아도 되지만 싱겁게 느껴지면 국간장으로 간해 감칠맛을 더한다.

HOW TO

1. 가지는 3등분으로 토막 낸 후 다시 반으로 잘라 끓는 물에 살캉거릴 정도로 데쳐 얼음물에 헹궈 물기를 가볍게 뺀다.

2. 물기 뺀 가지는 길이로 쭉쭉 찢어 그릇에 담고 국간장과 액젓, 참기름, 다진 마늘, 고춧가루, 통깨 등을 넣어 양념한다.

3. 실파는 송송 썰고 홍고추는 굵직하게 다져 준비한다.

4. 양념한 가지에 실파와 홍고추를 넣고 멸치 육수를 부어 고루 섞어 그릇에 담고 조각 얼음을 넣어 시원한 맛을 낸다.

VEGETABLE

호박눈썹나물
호박고추장찌개

호박에는 조리용으로 주로 사용되는 애호박과 주키니호박이 있고
별식으로 조리되는 단호박과 늙은 호박이 있다.
호박은 비타민이 많이 들어 있는데 이중 비타민 A는 카로틴의 모습으로 존재하기 때문에
기름에 볶는 조리법을 택하면 영양적 측면에서 좀 더 효율적으로 섭취할 수 있다.

반찬 호박눈썹나물 **국물** 호박고추장찌개

호박눈썹나물

- 애호박 · · · · · · · · · · · · · · · · · · · 1/2개
- 홍고추 · · · · · · · · · · · · · · · · · · · 1개
- 식용유 · · · · · · · · · · · · · · · · · · · 1/2큰술
- 다진 마늘 · · · · · · · · · · · · · · · 1/2작은술
- 액젓 · 1작은술
- 통깨 · 조금

Tip 파낸 호박 속은 손톱만 한 크기로 잘라 냉동실에 넣어두었다가 된장찌개 끓일 때 넣는다. 호박은 열에 약해 금방 익으므로 센 불에서 재빨리 볶는다. 그래야 군물이 생기지 않는다.

HOW TO

1. 애호박은 반으로 갈라 숟가락으로 속을 조금 파낸 후 얇게 눈썹 모양으로 자른다.

2. 홍고추도 반으로 갈라 호박과 비슷한 크기로 채 썬다.

3. 달군 팬에 식용유를 두르고 다진 마늘을 넣어 볶다가 호박과 고추를 넣어 고루 섞어가면서 볶는다.

4. 액젓과 통깨를 넣어 맛을 낸다.

호박고추장찌개

- 애호박 · · · · · · · · · · · · · · · · · · · 1/2개
- 돼지고기 다리살 · · · · · · · · · · · · 50g
- 풋고추 · · · · · · · · · · · · · · · · · · · 1개
- 양파 · 1/4개
- 물 · 4컵
- 고추장 · · · · · · · · · · · · · · · · · · · 2큰술
- 참기름 · · · · · · · · · · · · · · · · · · · 1/2큰술
- 다진 마늘 · · · · · · · · · · · · · · · · 1작은술
- 맛술 · 1작은술
- 다진 생강 · · · · · · · · · · · · · · · 1/2작은술
- 국간장 · · · · · · · · · · · · · · · · · · · 1작은술
- 후춧가루 · · · · · · · · · · · · · · · · · · 조금

Tip 호박이 푹 무르도록 익으면 단맛이 돌고 국물도 진해진다. 하지만 호박이 지나치게 익으면 다 물러져 형체가 없어지므로 다른 부재료를 먼저 끓이다가 맨 나중에 호박을 넣는 것이 좋다.

HOW TO

1. 애호박은 약간 도톰하게 네모지게 자른다. 풋고추는 어슷하게 썰고, 양파는 채 썬다.

2. 돼지고기 다리살은 잘게 채 썰어 고추장과 참기름, 다진 마늘, 맛술, 다진 생강을 넣어 고루 버무린다.

3. 냄비에 양념한 돼지고기를 담고 물을 부어 한소끔 끓이다가 고추, 양파를 넣는다.

4. 곧이어 호박을 넣고 모든 재료가 익도록 끓인다. 국간장과 후춧가루로 맛을 낸다.

국물 오이물김치

반찬 오이두반장볶음

오이두반장볶음
오이물김치

여름이 제철인 오이는 성질이 찬 채소로
냉국으로, 오이지로, 물김치로 만들어 입맛을 살리고 더위도 물리치게 도와준다.
오이는 이뇨 효과가 있고 부종에 도움이 되며 위가 아플 때 진정 효과도 있다고 한다.

오이두반장볶음

오이	2개
두반장	2큰술
풋고추	2개
홍고추	1/2개
통마늘	3쪽
식용유	1큰술
설탕	1큰술
맛술	1작은술

Tip
두반장은 짠맛이 돌면서 특유의 향과 맛이 나는 중독성 강한 소스 중 하나. 청경채나 배추, 양배추 등의 채소를 볶거나 무칠 때 넣어도 좋고 스파게티, 두부조림, 돼지두루치기, 생선조림 등을 할 때도 보조 양념으로 넣으면 조금 색다른 맛을 얻을 수 있다.

HOW TO

오이는 껍질을 깨끗하게 씻어 어슷하게 돌려가며 자른다.

고추는 3cm 길이로 썬 후 그 길이대로 네모지게 자르고, 마늘은 칼등으로 눌러 으깬다.

달군 팬에 식용유를 두르고 두반장과 고추, 으깬 마늘, 설탕, 맛술을 넣어 고루 섞어가며 볶는다.

오이를 넣어 양념이 잘 배고 숨이 살짝 죽을 정도로 볶는다. 바로 먹기보다는 한 김 식힌 후 상에 낸다.

오이물김치

오이	1개
양파	1/4개
통마늘	4쪽
절임용 굵은소금	1작은술
밀가루	1큰술
물	4컵
고춧가루	1/2큰술
마늘즙	1작은술
생강즙	1작은술
설탕	2큰술
소금	조금

Tip
물김치를 만들 때 찹쌀가루나 밀가루로 풀죽을 끓여서 넣으면 국물 맛이 진할 뿐 아니라 빨리 익고 채소 특유의 풀 냄새를 가라앉힐 수 있다. 감자를 한 개 삶아 주걱으로 으깨어 물을 붓고 끓이면 풀죽 대신 사용 가능하다. 만들어 곧장 먹고 싶다면 식초를 1큰술 정도 넣어 버무리면 된다.

HOW TO

오이는 깨끗하게 씻어 반으로 자른 후 다시 반달 모양으로 썰어 절임용 굵은소금을 넣고 절인 후 물에 헹궈 가볍게 짠다.

양파는 오이와 비슷한 크기로 자르고, 마늘은 저며 썬다.

물을 냄비에 담고 끓이다가 밀가루를 넣어 풀어 풀죽을 묽게 끓인 후 식혀 고춧가루를 체에 밭쳐 푼다.

3의 풀죽에 마늘즙, 생강즙, 설탕, 소금을 넣은 후 절인 오이와 양파, 마늘을 넣고 버무려 반나절 정도 실온에서 익힌다.

반찬 시금치샐러드

국물 시금칫국

시금치샐러드
시금칫국

시금치는 데쳐서 나물로 무치거나 잡채, 김밥 등을 만들 때 넣어
음식의 색을 보기 좋게 할 만큼 빛깔이 예쁜 채소다.
주로 데친 후 조리해 먹지만 샐러드처럼 생으로 먹기도 하고
갈아서 즙을 내 밀가루 반죽에 넣어 색을 내는 데도 사용한다.

시금치 샐러드

시금치 · · · · · · · · · · · 100g	발사믹 식초 · · · · · · · · · 1큰술
양파 · · · · · · · · · · · · · 1/4개	설탕 · · · · · · · · · · · · · 1작은술
피망이나 파프리카 · · · · 1/4개	다진 마늘 · · · · · · · · · 1작은술
올리브오일 · · · · · · · · · · 1큰술	

HOW TO

1. 시금치는 뿌리를 자르고 씻어 작은 잎은 그대로, 큰 잎은 먹기 좋은 크기로 2~3등분한다.

2. 양파는 채 썰고, 피망이나 파프리카도 양파와 비슷한 크기로 채 썬다.

3. 작은 팬이나 냄비에 올리브오일과 발사믹 식초, 설탕, 다진 마늘을 넣고 한소끔 끓인다.

4. 시금치와 양파, 피망이나 파프리카를 어우러지게 담고 한소끔 끓인 발사믹 식초를 뜨거울 때 끼얹는다.

Tip

시금치로 샐러드를 만들 때는 줄기가 가늘고 길며 잎은 두껍지 않은 것이 좋다. 시금치 특유의 향이 있어 발사믹 식초처럼 신맛이 도는 재료를 넣어 소스를 만드는 것이 좋다. 좀 더 푸짐하게 즐기려면 버섯이나 땅콩, 베이컨, 새우살 등을 곁들인다.

시금칫국

시금치	150g	물	3컵
단단한 두부	1/8모	된장	1+1/2큰술
마른 새우	1/5컵	맛술	1큰술

HOW TO

1. 시금치는 손질해 2~3cm 길이로 자른다.

2. 두부는 3cm 길이로 막대 모양으로 자른다.

3. 냄비에 물을 담고 마른 새우를 넣어 끓인다.

4. 새우를 넣어 끓인 국물에 시금치를 넣고 숨이 죽으면 된장을 풀고 두부와 맛술을 넣어 한소끔 더 끓인다.

Tip
마른 새우 대신 멸치로 육수를 내거나 멸치가루를 넣어 맛을 내도 된다. 시금치로 국을 끓일 때는 된장이 가장 잘 어울리는데 시금치는 나중에 넣어 푸른색을 살리는 것이 입맛을 돋우는 비결.

국물 냉이떡국

반찬 냉이전

냉이전
냉이떡국

냉이는 향으로 먹는 채소다.
게다가 단백질 함량도 많은 채소 중 하나.
봄철 노곤함을 덜어주는 데 한몫하는 비타민도 충분히 들어 있다.
향이 좋아 입맛을 돌게 해 소화액 분비를 돕기도 한다.

냉이전

냉이	100g	소금	조금
밀가루	1/3컵	간장	1큰술
물	4~5큰술	맛술	1큰술
식용유	2큰술	식초	1작은술

HOW TO

1. 냉이는 깨끗하게 손질해 끓는 물에 2분 정도 데쳐 건진 후 물기를 짠다.

2. 데친 냉이는 곱게 다진다.

3. 밀가루에 물과 소금을 부어 고루 섞은 후 다진 냉이를 넣어 고루 섞는다.

4. 달군 팬에 식용유를 두르고 냉이 넣은 반죽을 한 숟가락씩 떠 넣고 동그랗게 전을 부친다. 간장과 맛술, 식초를 섞어 만든 양념장을 곁들인다.

Tip

밀가루 대신 부침가루나 쌀가루로 반죽해도 되고 생콩가루를 넣어도 맛있다. 양파나 고추 등을 다져 넣으면 씹는 맛이 더 좋아진다. 물론 호박이나 부추 등의 채소도 좋다. 단, 냉이의 향을 누그러뜨리지 않는 재료를 더하는 것이 냉이의 맛을 제대로 즐기는 요령.

냉이떡국

냉이 · · · · · · · · · · · · · · · 50g	액젓 · · · · · · · · · · · · · · 1큰술
떡국 떡 · · · · · · · · · · · · · 2컵	다진 마늘 · · · · · · · · · 1작은술
대파 · · · · · · · · · · · · · · · 1/4대	소금 · · · · · · · · · · · · · · · 조금
국물용 멸치 · · · · · · · 6~7마리	후춧가루 · · · · · · · · · · · · 조금
물 · · · · · · · · · · · · · · · · · · 4컵	

HOW TO

1. 냉이는 씻어 굵직하게 다진다. 대파는 송송 썬다.

2. 떡국 떡은 물에 잠시 담가두었다가 건진다.

3. 냄비에 물과 멸치를 넣어 10분 정도 끓이다가 건진다.

4. 냉이를 넣어 향을 더한 후 액젓으로 간을 맞추고 마늘과 대파를 넣어 맛을 더한다. 소금으로 모자라는 간을 맞추고 불에서 내리기 전에 후춧가루를 조금 뿌린다.

Tip

냉이는 향이 진해 조금만 넣어도 향이 전체적으로 돌아 음식의 풍미를 돋운다. 떡국은 손쉽게 만들 수 있는 음식 중 하나인데 맛에 변화를 주고 싶을 땐 냉이를 넣어본다. 제철일 때 넉넉하게 준비해 데쳐서 한 끼 분량씩 나눠 비닐 랩에 싸 냉동 보관하면 1년 내내 요긴하게 사용할 수 있다.

국물 미나리탕

반찬 미나리고추장나물

미나리고추장나물 미나리탕

미나리는 다른 채소에서 느낄 수 없는 독특한 향이 있는데
이 향이 입맛을 살려주는 역할을 한다.
데쳐서 나물로 만들기도 하고 생선 매운탕이나 전골 등에 주로 넣는다.
익혀도 향이 그대로 남아 입 안을 개운하게 만든다.

미나리고추장나물

미나리	100g	물엿	1작은술
고추장	2큰술	통깨	1큰술
맛술	2작은술		

HOW TO

1. 미나리는 끓는 물에 데쳐 물기를 충분히 뺀다.

2. 물기 뺀 미나리는 2~3cm 길이로 자른다.

3. 통깨를 넉넉히 준비해 굵직하게 갈아 고추장과 맛술, 물엿과 섞어 양념장을 만든다.

4. 자른 미나리에 3의 양념을 넣어 맛이 고루 배도록 무친다.

Tip
양념장에 식초를 넣어 새콤한 맛을 내도 잘 어울리고 쯔유와 가쓰오부시로 맛을 내도 미나리 특유의 향이 사라지지 않으면서 잘 어울린다. 맛의 변화를 주고 싶다면 두부나 오징어, 새우 살 등을 데쳐 곁들여본다.

미나리탕

미나리	100g	멸치 육수(물 3컵+국물용 멸치 6마리)	3컵
두부	1/4모	맛술	1작은술
밀가루	2큰술	다진 마늘	1/2작은술
국간장	1+1/2큰술		

HOW TO

1. 미나리는 깨끗하게 씻어 1cm 길이로 자른다.

2. 두부는 물기를 빼고 굵직하게 으깬다.

3. 자른 미나리에 밀가루를 뿌려 가볍게 섞는다.

4. 냄비에 멸치 육수를 담고 한소끔 끓으면 밀가루 옷을 입힌 미나리를 숟가락으로 조금씩 떠 넣고 으깬 두부를 넣어 한소끔 끓인다. 국간장과 맛술, 다진 마늘로 간을 맞춘다.

Tip
미나리에 밀가루를 묻힌 후 끓는 육수에 넣으면 미나리가 적당한 크기로 뭉쳐져 익기 때문에 숟가락으로 퍼 먹기에도 좋고 그릇에 담았을 때 담음새도 예쁘다.

국물 배추된장국

반찬 배추깨나물

배추깨나물
배추된장국

김치로 만들어져 일 년 내내 식탁에 오르는 배추는
김치 외에도 나물로, 국으로, 전으로, 쌈으로 다양하게 먹을 수 있다.
비타민 C와 칼슘이 많은데 칼슘은 산성을 중화하는 역할을 한다.
산성식품인 밥을 주식으로 하는 우리네 밥상에 아주 중요한 채소라 할 수 있다.

배추깨나물

배추잎·············· 6장	액젓············· 2작은술
통깨·············· 3큰술	다진 마늘 ········ 1작은술
참기름············· 1큰술	

HOW TO

1 배추잎은 소금을 조금 넣은 끓는 물에 줄기부터 넣어 푹 무르도록 삶는다.

2 삶은 배추는 찬물에 헹궈 물기를 짜고 1cm 폭으로 송송 썬다. 통깨는 곱게 으깬다.

3 참기름과 액젓, 다진 마늘을 준비한다.

4 배추를 넓은 그릇에 담고 으깬 통깨와 참기름, 액젓, 다진 마늘을 넣어 조물조물 무친다.

Tip

배추의 속대를 사용하면 고소한 맛이 진하고 겉잎을 사용하면 씹는 맛이 좋다. 속잎은 겉잎보다 짧게 데쳐야 지나치게 무르는 것을 피할 수 있다. 배추나물의 맛의 변화를 주고 싶다면 다진 쇠고기를 양념해 볶아서 섞거나 삶은 조갯살을 더해본다.

배추된장국

배추잎·········· 5장	대파·········· 1/2대
멸치 육수(물 3컵+국물용 멸치 6마리)·········· 3컵	된장·········· 1+1/2큰술

HOW TO

1. 배추잎은 1cm 폭으로 채 썬다.

2. 육수를 냄비에 담고 배추를 넣어 숨이 죽도록 한소끔 끓인다.

3. 배추가 나른하게 되면 된장을 풀고 5분 정도 더 끓인다.

4. 불에서 내리기 전에 2cm 길이로 썬 대파를 넣어 맛을 더한다.

Tip
된장으로 국이나 찌개의 맛을 낼 때 된장을 처음부터 넣어 끓이는 것보다는 주재료가 어느 정도 익은 후 넣어야 된장의 구수한 맛과 영양을 살릴 수 있다.

국물 봄동으깬두붓국

반찬 봄동채무침

봄동채무침
봄동들깨두붓국

봄동은 겨울 끝자락에서 이른 봄에 나오는 것으로
땅의 영양과 겨울의 햇살을 온몸으로 받아 성장하기 위해 넓게 퍼져 자라는 채소다.
보기에는 질깃하고 투박해 보이지만 작은 잎은 쌈으로 먹기에 좋고
데치면 나물이나 국거리로도 좋다.

봄동채무침

봄동	1/2포기	설탕	1작은술
양파	1/4개	물엿	1작은술
당근	1/6개	다진 마늘	1작은술
오이	1/3개	참기름	1/2큰술
고추장	2큰술	통깨	1작은술

HOW TO

1. 봄동은 밑동을 잘라내고 잎을 하나씩 떼어 깨끗하게 씻은 뒤 어슷하게 채 썬다.

2. 양파와 당근은 채 썰고 오이는 반달 모양으로 썬다.

3. 넓은 그릇에 고추장과 설탕, 물엿, 다진 마늘, 참기름, 통깨를 넣고 고루 섞어 양념장을 만든다.

4. 양념장이 담긴 그릇에 봄동을 먼저 넣어 섞다가 양파와 당근, 오이를 넣어 버무린다.

Tip
새콤한 맛을 원하면 식초를 더해 맛을 낸다. 봄동을 썰 때 잎맥을 가로질러 어슷하게 썰면 섬유소가 끊어져 질깃함이 덜해진다.

봄동으깬두부국

봄동·············· 1/2포기	액젓·············· 1+1/2큰술
두부·············· 1/4모	다진 마늘 ········ 1작은술
마른 새우 ········ 1/4컵	맛술·············· 1작은술
물················ 3+1/2컵	

HOW TO

1. 봄동은 잎을 떼어 씻고 끓는 물에 넣어 살캉거릴 정도로 삶아 헹군 후 굵직하게 썬다.

2. 두부는 포크로 굵직하게 으깬다.

3. 냄비에 물과 마른 새우를 넣어 팔팔 끓인다.

4. 국물에 봄동과 두부를 넣어 끓인 후 액젓, 다진 마늘, 맛술을 넣어 간을 맞춘다.

Tip

된장이나 고추장 양념을 넣지 않고 맑게 끓이는 국물 음식의 간을 할 때 주로 국간장을 사용하는데 이때 국간장 대신 액젓이나 새우젓을 넣으면 간을 맞추면서도 감칠맛을 낼 수 있어 맛내기가 더 쉽다. 대신 짜지 않게 양을 조절하는 것이 중요하다. 국물 음식에 간을 맞출 때는 멸치 액젓이, 겉절이 양념을 할 때는 까나리 액젓이 더 어울린다.

반찬 부추액젓무침

국물 부추콩탕

부추액젓무침
부추콩탕

여름철 대표 강장 채소로 알려진 부추는 독특한 향이 나고 소화를 돕는다.
생으로 먹어도 되고 김치를 담가 먹어도 좋다.
된장찌개나 생선매운탕, 수육 등의 음식에 곁들이 재료로도 많이 넣어 먹는 부추는
물기가 묻으면 쉬 상하므로 조리하고 남은 것은 내일 바로 먹더라도 종이 타월에 싸 보관해야 한다.

부추액젓무침

- 부추 · · · · · · · · · · · · · · · · · · · 100g
- 당근 · · · · · · · · · · · · · · · · · · · 1/4개
- 마늘 · · · · · · · · · · · · · · · · · · · 4쪽
- 액젓 · · · · · · · · · · · · · · · · · · · 2큰술
- 고춧가루 · · · · · · · · · · · · · · · · 1큰술
- 설탕 · · · · · · · · · · · · · · · · · · · 2작은술
- 물엿 · · · · · · · · · · · · · · · · · · · 1작은술
- 통깨 · · · · · · · · · · · · · · · · · · · 1작은술
- 참기름 · · · · · · · · · · · · · · · · · · 1작은술

HOW TO

부추는 씻어 3~4cm 길이로 자르고 당근과 통마늘은 너무 굵지 않게 채 썬다.

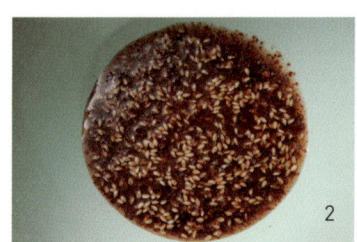
넓은 그릇에 액젓을 담고 고춧가루, 설탕, 물엿, 통깨를 넣어 고루 섞어 무침용 양념장을 만든다.

2의 양념장에 당근과 마늘 채를 넣어 고루 섞는다.

마지막으로 부추를 넣어 가볍게 버무린 후 참기름을 넣어 향을 더한다.

> **Tip**
> 부추는 줄기가 가늘어 간이 배어들면 금방 숨이 죽고 물이 생긴다. 겉절이처럼 무쳐서 바로 먹을 만큼만 양념해야 끝까지 맛있게 먹을 수 있다. 줄기가 야무지고 길이가 짧은 영양부추는 일반 부추보다 숨이 죽는 속도가 더디고 씹는 맛이 좋아 샐러드 재료로 사용해도 좋다.

부추콩탕

- 부추 · · · · · · · · · · · · · · · · · · · 80g
- 송송 썬 김치 · · · · · · · · · · · · · 1/2컵
- 생콩가루 · · · · · · · · · · · · · · · · 1/3컵
- 물 · 5큰술
- 멸치 육수(물 3컵+국물용 멸치 6마리) · · · · · · · · · · · · · · · · · · · 3컵
- 국간장 · · · · · · · · · · · · · · · · · 1큰술
- 다진 마늘 · · · · · · · · · · · · · · · 1작은술
- 고춧가루 · · · · · · · · · · · · · · · 1/2작은술

HOW TO

부추는 씻어 3cm 길이로 자른다.

생콩가루에 물 5큰술을 넣어 주루룩 흐를 정도가 되도록 고루 섞는다.

냄비에 육수를 붓고 배추김치를 넣어 한소끔 끓이다가 2의 콩물을 돌려가며 붓고 끓인다. 넘칠 수 있으므로 냄비 뚜껑은 열어둔다.

부추를 넣은 후 국간장과 다진 마늘, 고춧가루를 넣어 맛을 낸다.

> **Tip**
> 생콩가루는 마트에서 손쉽게 구할 수 있는데 없는 경우 두부를 으깨서 넣거나 달걀을 풀어 넣으면 비슷한 맛을 얻을 수 있다. 생콩가루는 들깻가루처럼 미리 준비해놓으면 다양한 음식에 두루 사용할 수 있다.

반찬 참나물&폰즈소스

국물 참나물쇠고깃국

참나물&폰즈소스
참나물쇠고깃국

참나물은 향이 좋아 겉절이나 샐러드로 먹거나
고기구이에 곁들여 먹어도 맛있다.
잎에 윤기가 돌아 보기만 해도 싱그럽다.
아삭하게 씹히는 맛이 좋고 살짝 익혀도 향과 맛이 그대로 살아 있다.

참나물&폰즈소스

참나물	100g	폰즈소스	2+1/2큰술
청포묵	1/4개	식용유	1작은술
당근	1/8개		

HOW TO

1. 참나물은 끓는 물에 살짝 데쳐 헹궈 물기를 뺀 후 3cm 길이로 자른다.

2. 청포묵은 3cm 길이로 나무젓가락 굵기로 잘라 기름 두른 팬에 살짝 볶는다.

3. 당근은 3cm 길이로 곱게 채 썬다.

4. 접시에 참나물과 청포묵, 당근을 어우러지게 담고 폰즈소스를 끼얹거나 곁들인다.

Tip

폰즈소스는 간장에 식초나 레몬즙, 맛술 등을 넣어 만든 새콤하면서 달콤한 맛이 살짝 도는 소스다. 집에서 만들어도 되는데 간장과 식초를 동량으로 잡고 레몬즙과 설탕, 맛술 등을 더하는데 맑게 만들고 싶으면 멸치나 다시마 우린 국물을 조금 부으면 된다. 구운 두부나 데친 오징어·문어, 구운 쇠고기·참치·연어 등 어느 재료와도 잘 어울린다.

참나물 쇠고깃국

참나물 · · · · · · · · · · · · · 100g	국간장 · · · · · · · · · · · · · 2큰술
무 · · · · · · · · · · · · · · · · · · 1/8개	다진 마늘 · · · · · · · · · 1작은술
다진 쇠고기 · · · · · · · · 100g	맛술 · · · · · · · · · · · · · · · 1작은술
물 · · · · · · · · · · · · · · · · · · · 4컵	후춧가루 · · · · · · · · · · · · 조금
참기름 · · · · · · · · · · · · · 1/2큰술	

HOW TO

1. 참나물은 씻어 4cm 길이로 자르고, 무는 같은 길이로 굵직하게 채 썬다.

2. 냄비에 참기름을 두르고 다진 쇠고기와 다진 마늘을 넣어 달달 볶다가 물을 붓고 한소끔 끓인다.

3. 무를 넣어 투명하게 되도록 끓인 후 국간장과 맛술, 후춧가루로 간을 맞추면서 끓인다.

4. 쇠고기와 무에서 맛이 우러나면 참나물을 얹고 숨이 죽으면 불에서 내린다.

Tip
참나물의 향을 즐기려면 불에서 내리기 전에 얹고 숨이 죽으면 얼른 그릇에 담아 상에 낸다. 쇠고기와 무가 어우러진 깔끔한 국물에 참나물 향이 더해져 입 안이 개운해진다.

VEGETABLE

취나물볶음
취된장국

취는 산에서 채취하는 대표적 채소로
밭에서 재배하는 일반 채소에 비해 칼륨 함량이 많은 것이 특징이다.
흡수되고 남은 칼륨이 몸 밖으로 배출될 때 나트륨도 함께 배출되므로
취를 비롯해 산채를 이용해 음식을 만들 때는 싱겁지 않게 간을 맞춰도 괜찮다.

반찬 취나물볶음

국물 취된장국

취나물볶음

- 삶은 취 · · · · · · · · · · · · · 100g
- 새송이버섯 · · · · · · · · · · · 1/2개
- 들기름 · · · · · · · · · · · · · 2작은술
- 간장 · · · · · · · · · · · · · · 1작은술
- 다진 마늘 · · · · · · · · · · · 1작은술
- 맛술 · · · · · · · · · · · · · · 1작은술
- 식용유 · · · · · · · · · · · · · 1작은술
- 통깨 · · · · · · · · · · · · · · · · 조금

Tip 생취를 삶을 때는 끓는 물에 소금을 조금 넣고 젓가락으로 휘저어 고루 삶아지도록 한 후 불을 끄고 1~2분 그대로 두었다가 건져 찬물에 헹궈 물기를 뺀다.

HOW TO

삶은 취는 맑은 물에 헹궈 물기를 짜고 한두 번 칼질해 먹기 좋게 자른다.

새송이버섯은 길쭉하고 네모지게 썬다.

넓은 그릇에 취와 버섯을 담고 들기름, 간장, 다진 마늘, 맛술을 넣어 조물조물 무친다.

달군 팬에 식용유를 두르고 양념한 취와 버섯을 넣어 센 불에서 달달 볶은 후 통깨를 조금 뿌린다.

취된장국

- 삶은 취 · · · · · · · · · · · · · · 80g
- 팽이버섯 · · · · · · · · · · · · 1/3봉지
- 멸치 육수(물 3+1/2컵+국물용 멸치 6마리) · · · · · · · · · · · 3+1/2컵
- 된장 · · · · · · · · · · · · · · 1+1/2큰술

Tip 취, 시금치, 시래기, 아욱, 근대 등 잎채소를 넣고 끓인 된장국은 실온에서 상하기 쉽다. 먹고 남은 것은 밀폐 용기에 담아 냉장실에 보관한다.

HOW TO

삶은 취는 맑은 물에 헹궈 물기를 짜고 먹기 좋게 자른다. 팽이버섯은 밑동을 자르고 다시 길이로 반 자른다.

냄비에 멸치 육수를 담고 한소끔 끓으면 취를 넣어 끓인다.

한소끔 끓으면 된장을 풀어 맛을 낸다.

5분 정도 끓이다가 팽이버섯을 넣고 숨이 죽으면 불에서 내린다.

국물 쑥갓두부완자탕

반찬 쑥갓들기름무침

VEGETABLE

쑥갓들기름무침
쑥갓두부완자탕

쑥갓은 예부터 위를 따뜻하게 하고 장을 튼튼하게 하는 채소로 알려져 왔다.
메인 재료로 사용하기보다는 상추와 곁들여 먹는 쌈 재료나
전골이나 찌개 위에 얹어 향을 더하거나 시각적인 효과를 주는 재료로 많이 활용되지만
쑥갓의 온전한 향과 맛을 즐길 수 있는 조리법도 많다.

쑥갓들기름무침

쑥갓 · · · · · · · · · · · · · · 100g	고춧가루 · · · · · · · · · · 1작은술
홍피망 · · · · · · · · · · · · · 1/4개	설탕 · · · · · · · · · · · · · · 1작은술
들기름 · · · · · · · · · · · · · 1큰술	다진 마늘 · · · · · · · · · 1작은술
간장 · · · · · · · · · · · · · · 2작은술	통들깨 · · · · · · · · · · · · · 2큰술

HOW TO

1. 쑥갓은 씻어 물기를 털고 3cm 길이로 자른다. 피망은 쑥갓과 비슷한 길이로 곱게 채 썬다.

2. 넓은 그릇에 들기름과 간장, 고춧가루, 설탕, 다진 마늘을 넣어 고루 섞는다.

3. 자른 쑥갓을 넣어 가볍게 버무려 간이 배도록 한다.

4. 피망과 통들깨를 넣고 무쳐 색과 맛을 더한다.

Tip
쑥갓은 데쳐서 나물로 무쳐 먹어도 맛있다. 데칠 때 뚜껑을 열고 숨이 죽으면 얼른 건져 찬물에 헹궈야 파릇한 색을 살릴 수 있다.

쑥갓두부완자탕

쑥갓 · · · · · · · · · · · · 100g	참기름 · · · · · · · · · · · · 1작은술
두부 · · · · · · · · · · · · 1/2모	다진 마늘 · · · · · · · · · 1작은술
마른 새우 · · · · · · · · · 1/4컵	소금 · · · · · · · · · · · · 조금
밀가루 · · · · · · · · · · · · 3큰술	식용유 · · · · · · · · · · · · 2큰술
멸치 육수(물 3+1/2컵+국물용 멸치 8마리) · · · · · · · · · 3+1/2컵	국간장 · · · · · · · · · · 1+1/2큰술

HOW TO

1. 쑥갓은 씻어 굵직하게 다지고 두부도 곱게 으깬다.

2. 마른 새우는 칼로 굵직하게 다진 후 넓은 그릇에 담고 쑥갓과 두부, 밀가루를 더해 고루 섞는다.

3. 여기에 참기름과 다진 마늘, 소금을 넣어 고루 치대 반죽한 후 한 입 크기로 동그랗게 모양을 빚어 달군 팬에 식용유를 두르고 돌돌 굴려가며 지진다.

4. 냄비에 멸치 육수를 담고 팔팔 끓인 후 완자를 넣어 풀어지지 않게 살짝 끓인 후 국간장으로 간을 한다.

Tip
완자를 넣고 끓이다가 달걀을 풀어 넣어도 좋고 팽이버섯이나 대파 등을 더 넣어 맛의 변화를 줘도 좋다. 차게 먹어도 맛있다. 차게 식힌 육수를 익힌 완자에 붓기만 하면 되는데 여름철 냉국으로 적당하다.

깻잎순된장나물
깻잎순돼지고기얼큰찌개

깻잎 순은 깻잎에 비해 잎이 작고 줄기도 연해
살짝 데쳐 나물로 조리하거나 찌개에 넣으면 은은한 향이 퍼져 맛있다.
억센 줄기는 잘라내고 나물이나 찌개 등에 넣으면
향과 씹는 맛을 즐길 수 있다.

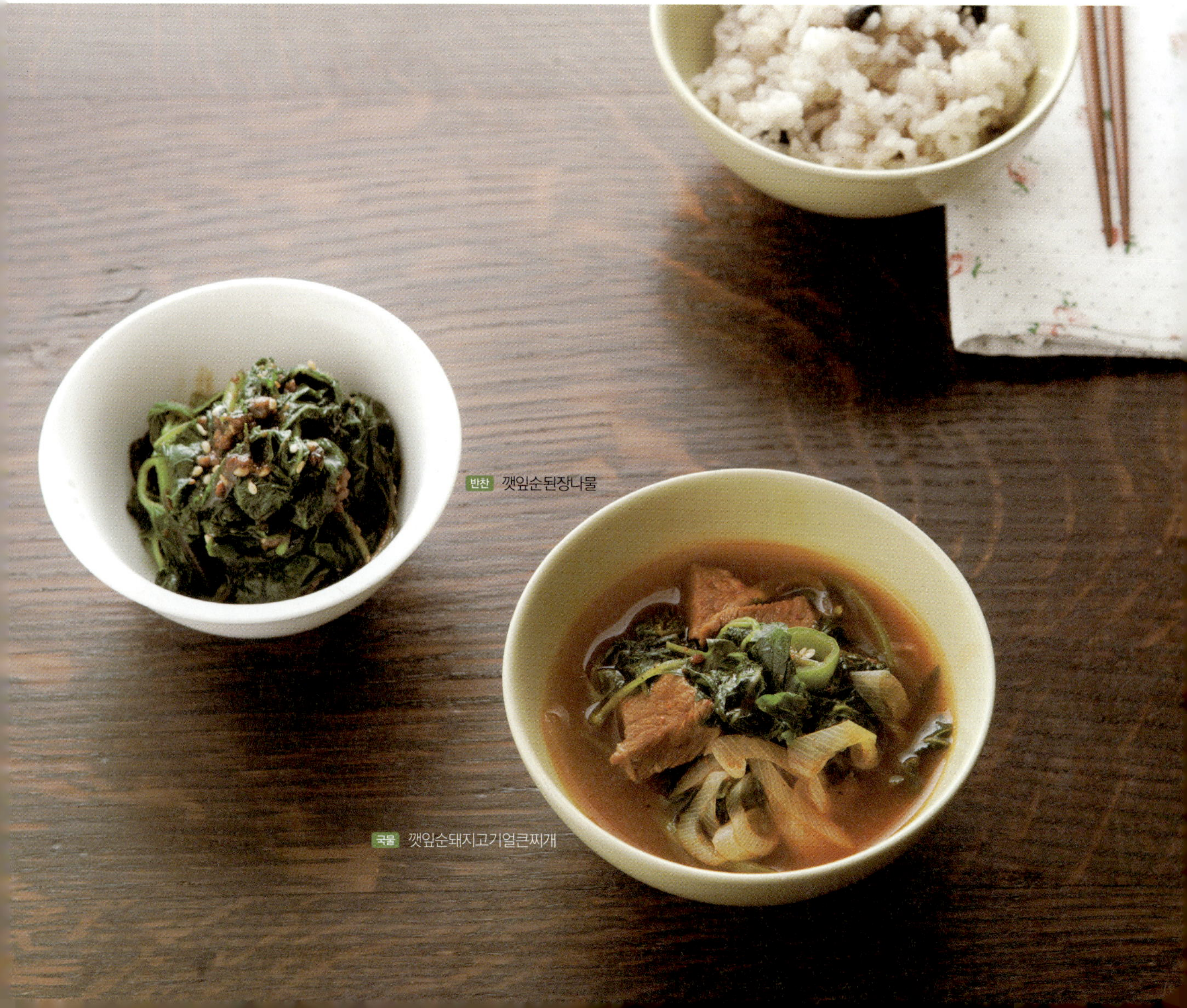

반찬 깻잎순된장나물

국물 깻잎순돼지고기얼큰찌개

깻잎순 된장나물

- 깻잎 순 …………… 100g
- 된장 ……………… 2/3큰술
- 맛술 ……………… 1작은술
- 물엿 ……………… 1작은술
- 통깨 ……………… 조금

> **Tip**
> 나물을 무칠 때 대부분 냉이는 된장, 시금치는 간장, 달래는 고추장에 버무린다고 생각하고 매번 같은 양념으로 사용해 맛을 내곤 한다. 하지만 가끔 맛의 변화를 상상하며 양념을 바꿔보면 새로운 맛을 느낄 수도 있다. 깻잎 순도 된장 대신 고추장이나 간장, 액젓 등으로 맛의 변화를 충분히 줄 수 있다.

HOW TO

1. 깻잎 순은 흐르는 물에 씻어 억센 줄기는 잘라낸다.

2. 끓는 물에 깻잎 순을 넣어 부드럽게 데쳐 찬물에 헹궈 먹기 좋게 자른다.

3. 넓은 그릇에 된장과 맛술, 물엿, 통깨를 넣어 잘 섞는다.

4. 손질한 깻잎 순을 양념한 된장에 넣어 가볍게 버무린다.

깻잎순 돼지고기 얼큰찌개

- 깻잎 순 …………… 100g
- 돼지고기 다리살 …… 100g
- 청양고추 …………… 2개
- 대파 ………………… 1대
- 양파 ……………… 1/4개
- 물 …………………… 3컵
- 고추장 ……………… 1큰술
- 고춧가루 …………… 2작은술
- 다진 마늘 …………… 2작은술
- 액젓 ………………… 1작은술
- 맛술 ………………… 1작은술
- 후춧가루 …………… 1작은술

> **Tip**
> 당면을 조금 넣으면 더욱 맛있다. 당면은 붇기 시작하면 국물을 다 흡수하므로 적당량을 넣어 쫄깃할 때 먼저 건져 먹는다.

HOW TO

1. 깻잎 순은 씻어 큼직하게 자른다. 청양고추는 송송 썰고 대파는 어슷하게, 양파는 채 썬다.

2. 돼지고기는 다리살로 준비해 먹기 좋은 크기로 네모지게 자른다.

3. 냄비에 돼지고기를 담고 고추장과 고춧가루, 다진 마늘, 액젓, 맛술, 후춧가루를 넣어 고루 버무린 후 물을 붓고 끓인다.

4. 한소끔 끓으면 고추와 대파, 양파를 넣어 센 불에서 끓이다가 깻잎 순을 넣어 중불로 20분 정도 은근히 끓인다.

VEGETABLE

아욱데리야키나물
아욱수제비

아욱은 시금치보다 단백질과 칼슘이 두 배인 데다
비타민도 고루 들어 있다.
된장을 풀어 아욱을 넣고 끓인 국은 밥과 잘 어울려서
입맛 없는 여름철에 밥 한 그릇을 뚝딱 비우게 해준다.

반찬 아욱데리야키나물

국물 아욱수제비

아욱
데리야키나물

아욱	150g
양파	1/4개
통마늘	3쪽
식용유	1/2큰술
데리야키소스	3큰술
통깨	1큰술

Tip
아욱은 생것은 다소 억세 보이지만 삶으면 부드러워져 먹기 좋아진다. 데리야키소스 대신 간장에 참기름, 물엿 등을 더해 만든 장을 얹어도 잘 어울린다. 데리야키소스는 달착지근하면서 깊은 풍미가 나는 소스로 채소나 생선, 해물, 고기 등 어느 재료와도 잘 어울린다. 볶을 때 양념으로 사용해도 되고 폰즈소스처럼 찍어 먹는 소스로 활용해도 좋다.

HOW TO

1. 아욱은 씻어 끓는 물에 삶은 뒤 찬물에 헹궈 물기를 쭉 빼고 4cm 길이로 자른다.

2. 양파는 채 썰어 물에 담가 매운맛을 빼고 마늘은 저며 썬다.

3. 저민 마늘은 기름 두른 팬에 노르스름하게 굽는다.

4. 아욱과 양파, 마늘을 어우러지게 담고 그 위에 데리야키소스를 끼얹고 통깨를 뿌린다.

아욱수제비

아욱	100g
느타리버섯	80g
양파	1/4개
밀가루	1+1/2컵
물	6큰술
멸치 육수(물 4컵+국물용 멸치 8마리)	4컵
된장	2큰술
다진 마늘	1작은술

Tip
수제비 반죽 만들기가 번거롭다면 수제비를 떠서 넣는 대신 식은 밥을 넣고 한소끔 끓여 죽처럼 먹어도 맛있다. 죽을 끓일 때는 중불에서 은은하게 조리해야 밥알이 부드럽게 퍼진다.

HOW TO

1. 아욱은 씻어 4cm 길이로 자른다. 느타리버섯은 가닥을 분리한 후 반으로 자르고, 양파는 채 썬다.

2. 밀가루에 물을 넣고 치대어 반죽을 만들어 뭉친 후 비닐봉지에 넣어 10분 정도 둔다.

3. 냄비에 육수와 버섯을 넣고 끓이다가 수제비 반죽을 떼 넣고 고루 저어가며 끓인다.

4. 된장을 풀어 넣고 아욱과 양파를 넣은 후 다진 마늘을 넣고 10분 정도 끓인다.

국물 고사리고추기름달걀탕

고사리

고사리볶음
고사리고추기름달걀탕

고사리는 예부터 머리를 맑게 하고 피를 깨끗하게 해주는 식품으로 알려져 있다.
주로 나물로 해 먹지만 육개장이나 얼큰하게 끓이는 탕에 넣으면
부드럽고 졸깃해 씹는 맛이 좋아진다.
밀가루를 섞어 전이나 장떡을 부쳐도 별미다.

반찬 | 고사리볶음

고사리볶음

삶은 고사리 ········· 150g	다진 마늘 ········· 1작은술
양파 ············· 1/2개	맛술 ············· 2작은술
대파 ············· 1/4대	설탕 ············· 1큰술
간장 ············· 2큰술	후춧가루 ········· 1작은술
참기름 ··········· 2작은술	통깨 ············· 1작은술

HOW TO

1. 고사리는 맑은 물에 헹궈 물기를 짜고 먹기 좋은 크기로 자른다.

2. 양파는 굵직하게 채 썰고 대파도 비슷한 크기로 자른다.

3. 간장, 참기름, 다진 마늘, 맛술, 설탕, 후춧가루, 통깨를 한데 넣고 섞어 양념을 만든다. 속이 깊은 팬에 고사리와 양파, 대파를 담고 준비한 양념을 모두 넣어 고루 버무린 다음 손바닥으로 가볍게 눌러 5분 정도 간이 배도록 둔다.

4. 센 불에 고사리를 올려 처음에는 뚜껑을 덮어 두고 지지직 소리가 나면 뚜껑을 열고 젓가락으로 고루 섞어가며 볶는다. 국물이 바특하게 되도록 볶는다.

> **Tip**
> 볶은 고사리를 미처 다 먹지 못할 경우 냉동실에 넣어두었다가 국을 끓일 때 넣어본다. 양념이 되어 있는 고사리가 녹으면서 부드러워져 국물도 진해지고 소화도 잘된다. 라면 끓일 때 넣어도 맛이 잘 어울린다.

고사리고추기름달걀탕

삶은 고사리 100g	멸치 육수(물 3컵+국물용 멸치 8마리) 3컵	생강즙 1작은술
대파 1대	고추기름 1큰술	국간장 2큰술
팽이버섯 1/3봉지	다진 마늘 2작은술	후춧가루 1작은술
달걀 1개		

HOW TO

1. 고사리는 2~3cm 길이로 자르고 대파는 어슷하게 저며 썰고 팽이버섯은 밑동만 잘라낸다.

2. 냄비에 고추기름을 두르고 고사리와 대파를 넣어 고루 섞은 후 불에 올려 가볍게 볶는다.

3. 멸치 육수를 붓고 팔팔 끓이다가 다진 마늘과 생강즙, 국간장, 다진 마늘, 후춧가루를 넣어 간을 맞춘 후 팽이버섯과 대파를 넣고 한소끔 더 끓인다.

4. 달걀을 곱게 풀어 끓고 있는 탕에 빙 둘러가며 붓고 달걀이 익으면 불에서 내린다. 이때 휘젓지 않아야 달걀이 몽글하게 되어 국물이 지저분해지지 않는다.

> **Tip**
> 고추기름은 고춧가루를 식용유에 타지 않게 볶다가 체에 내린 것으로 얼큰하게 매운 맛과 함께 시각적인 효과로 인해 음식 맛을 더 좋게 만든다. 고사리처럼 향이 진한 나물이나 재료로 국을 끓일 때도 좋고 무침에 매운맛과 윤기를 동시에 내고 싶을 때도 소량 사용하면 좋다.

반찬 근대데침&쯔유소스

국물 근대마른새우국

근대데침&쯔유소스
근대마른새우국

근대는 사계절 내내 맛볼 수 있는 채소로 익히면 부드러워져 아이들도 먹기에 좋다.
보통 된장으로 맛을 내지만 고추장이나 간장으로 무친 근대나물도 맛있다.
비타민 A가 많아 눈이 피로하거나 피부가 거칠어졌다 싶을 땐
반찬이나 국으로 섭취하면 효과를 볼 수 있다.

근대데침 & 쯔유소스

근대	150g
양파	1/4개
쯔유	2큰술
맛술	2작은술
가쓰오부시	조금
소금	조금

Tip
쯔유는 일식 우동이나 메밀국수 등을 먹을 때 느껴지는 맛이라고 생각하면 된다. 집에서 냄비우동을 끓이거나 냉메밀국수를 만들 때 이 쯔유소스만 있으면 실패할 확률은 제로에 가깝다. 국물 음식뿐 아니라 데친 채소를 무칠 때 넣어도 깔끔한 맛을 얻을 수 있다. 해산물과 양배추, 청경채 등을 넣어 재빨리 볶아내는 음식에도 잘 어울린다.

HOW TO

1. 근대는 흐르는 물에 씻은 다음 소금을 조금 넣고 끓인 물에 넣어 1분 정도 데친다.

2. 데친 근대는 찬물에 헹궈 물기를 꽉 짠 후 가지런히 도마에 놓고 3cm 길이로 자른다.

3. 양파는 곱게 채 썰어 찬물에 담가 매운맛을 거둔 후 물기를 뺀다.

4. 접시에 근대와 양파채를 담고 쯔유소스와 맛술 섞은 것을 끼얹었다. 가쓰오부시를 조금 얹어 맛을 더한다.

근대마른새우국

근대	150g
마른 새우	1/2컵
대파	1/3대
물	2+1/2컵
된장	1큰술
고춧가루	1작은술
다진 마늘	1/2작은술

Tip
마른 새우 대신 바지락이나 모시조개 등을 넣어도 좋다. 근대는 자칫 특유의 텁텁한 맛이 날 수 있는데 쌀뜨물로 국물을 잡거나 밀가루로 수제비 반죽을 만들어 조금 떼 넣으면 잡냄새를 없애면서 국물도 구수해져 더욱 맛있게 즐길 수 있다.

HOW TO

1. 근대는 씻어 3cm 길이로 자르고 마른 새우는 흐르는 물에 씻는다.

2. 대파는 어슷하게 썬다.

3. 냄비에 물을 담고 마른 새우를 넣어 팔팔 끓인다.

4. 끓는 육수에 근대를 넣고 된장과 다진 마늘, 고춧가루를 넣어 근대가 부드러워지도록 끓이다가 마지막에 대파를 넣는다.

반찬 시래기볶음

국물 시래기콩가루국

시래기볶음
시래기콩가루국

무청을 겨우내 말린 것을 시래기라고 한다.
건강 재료로 알려지면서 요즘에는 시래기가 메인 재료가 되는
전문 음식점도 많이 생겨나고 있다.
시래기나물은 포만감을 주는 것은 물론 장운동을 돕고 씹는 맛도 좋다.
어떤 재료와도 두루 잘 어울려 맛 내기도 쉽고 저장성도 좋다.

시래기볶음

삶은 시래기나물 …… 200g	설탕 …………… 2작은술
양파 …………… 1/4개	참기름 …………… 1큰술
대파 …………… 1/4대	다진 마늘 ……… 1작은술
물 …………… 1/3컵	후춧가루 ………… 조금
식용유 …………… 1큰술	통깨 …………… 1/2큰술
간장 …………… 2큰술	

HOW TO

시래기나물은 맑은 물에 헹궈 물기를 꽉 짠 후 3~4cm 길이로 자른다.

양파는 채 썰고, 대파는 어슷하게 썬다.

넓은 그릇에 간장, 설탕, 참기름, 다진 마늘, 후춧가루를 넣고 고루 섞어 양념장을 만든 후 1의 시래기나물을 넣어 무친다.

달군 팬에 식용유를 두르고 양파를 넣어 볶다가 양념한 시래기나물을 넣는다. 여기에 물을 부어 섞어가면서 볶다가 뚜껑을 덮고 부드럽게 익도록 잠시 둔 다음 뚜껑을 열고 국물이 바특하게 되도록 볶는다. 마지막에 통깨를 듬뿍 뿌린다.

> **Tip**
> 시래기나물을 볶을 때는 물을 조금 더해 잠시 뜸을 들이는 과정이 필요하다. 이 과정을 거치지 않고 바로 볶아도 되지만 자칫 질깃하고 퍽퍽할 수 있다. 물 대신 육수를 사용하면 더 깊은 맛을 낼 수 있다. 들깻가루를 조금 뿌려도 맛있다.

시래기 콩가루국

삶은 시래기나물	150g	생콩가루	1/2컵
된장	2큰술	멸치 육수(물 3+1/2컵+국물용	
다진 마늘	1작은술	멸치 7~8마리)	3+1/2컵
대파	1대	국간장이나 소금	조금

HOW TO

1. 시래기나물은 맑은 물에 헹궈 2~3cm 길이로 잘라 된장과 다진 마늘을 넣어 맛이 고루 배도록 무쳐 잠시 둔다. 대파는 어슷하게 저민다.

2. 된장에 양념한 시래기나물에 생콩가루를 넣어 가볍게 버무린다.

3. 냄비에 양념한 시래기나물을 담고 멸치 육수를 붓고 10분 정도 센 불에서 팔팔 끓이다가 불을 약하게 줄인 후 은근히 끓이다가 대파를 넣어 끓인다.

4. 된장에 따라 간이 다를 수 있으므로 식성에 따라 모자라는 간은 국간장이나 소금을 조금씩 넣어가며 맞춘다.

Tip
시래기나물에 간이 충분히 배어들도록 끓이기 전에 미리 양념을 하면 건지 뿐 아니라 국물에도 간이 배어들어 맛이 좋다. 시래기나물에 콩가루의 구수한 맛이 더해져 국만 먹어도 속이 든든해지는 느낌이 든다.

반찬 양배추채볶음

국물 양배추베이컨롤탕

양배추채볶음
양배추베이컨롤탕

양배추는 익히면 단맛이 도는 채소로 비타민과 칼슘이 풍부하다.
위궤양에 좋은 비타민 U가 많이 들어 있어 건강 채소로 자리매김하고 있다.
특히 곱게 채 썰어 샐러드로 즐겨도 되고 데치거나 삶아 쌈으로 먹어도 맛있다.
수프를 끓여도 되고 김치를 담가도 되는 저장성 좋은 채소 중 하나.

VEGETABLE

양배추 채볶음

- 양배추 · · · · · · · · · · · · · · · · 1/6통
- 양파 · · · · · · · · · · · · · · · · · · 1/4개
- 땅콩 · · · · · · · · · · · · · · · · · · 10알
- 식용유 · · · · · · · · · · · · · · · · 2큰술
- 다진 마늘 · · · · · · · · · · · 1작은술
- 간장 · · · · · · · · · · · · · · · · · · 2큰술
- 굴소스 · · · · · · · · · · · · · · 1작은술

Tip
양배추는 익히면 단맛이 증가해 맛이 좋아진다. 채 썰어 볶을 때 센 불에서 재빨리 볶아 아삭한 맛을 살리는 것이 좋다.

HOW TO

1. 양배추는 한 잎씩 떼어 굵직하게 채 썬다. 양파는 굵직하게 채 썬다.

2. 땅콩은 굵직하게 다진다.

3. 달군 팬에 식용유를 두르고 양파와 다진 마늘을 넣어 볶다가 양배추를 넣어 고루 섞어가며 볶는다.

4. 양배추가 나른해질 때 쯤 간장과 굴소스를 넣어 섞으면서 센 불에 볶는다. 땅콩을 마지막에 넣어 가볍게 휘젓는다.

양배추 베이컨롤탕

- 양배추 · · · · · · · · · · · · · · · · 1/8통
- 베이컨 · · · · · · · · · · · · · · · · · · 6장
- 토마토(중) · · · · · · · · · · · · · · · 2개
- 양파 · · · · · · · · · · · · · · · · · · 1/2개
- 멸치 육수(물 2+1/2컵+국물용 멸치(6마리)
  · · · · · · · · · · · · · · · · · · · 2+1/2컵
- 올리브오일 · · · · · · · · · · · · · 1큰술
- 다진 마늘 · · · · · · · · · · · 1작은술
- 소금 · · · · · · · · · · · · · · · · · · · 조금
- 후춧가루 · · · · · · · · · · · · · · · · 조금

Tip
베이컨이 들어가 느끼하지 않을까 싶지만 토마토와 양파를 넣어 끓인 육수가 시원하면서 깔끔한 맛을 더해 색다른 맛을 즐길 수 있다. 매콤한 맛을 더하고 싶으면 칠리소스나 핫소스, 청양고추를 넣는다.

HOW TO

1. 양배추는 베이컨 폭과 비슷한 크기로 잘라 찌거나 삶는다.

2. 토마토는 굵직하게 다지고 양파는 채 썬다.

3. 달군 냄비에 오일을 두르고 다진 마늘을 넣어 볶다가 양파와 토마토를 넣어 볶는다. 이때 토마토의 벗겨진 껍질을 걷어내고 멸치 육수를 붓고 한소끔 끓인다.

4. 찐 양배추를 펼치고 그 위에 베이컨을 나란히 얹어 돌돌 말아 꼬치로 꿰 풀리지 않게 한 후 육수에 넣어 한소끔 더 끓인다. 소금과 후춧가루를 넣어 마무리한 후 그릇에 담을 때 꼬치를 뺀다.

반찬 콩나물매운볶음

국물 콩나물김치국밥

콩나물매운볶음
콩나물김치국밥

콩나물은 가장 대중적인 식재료 중 하나.
나물로, 국으로, 탕으로, 국밥으로 다양하게 조리되는 전천후 나물이다.
비타민과 단백질 등의 영양소도 들어 있고
특히 타우린이라는 성분 덕분에 해장 음식 재료로 각광받고 있다.

콩나물매운볶음

- 콩나물·············· 150g
- 양파·············· 1/4개
- 청양고추·············· 2개
- 식용유·············· 1큰술
- 고춧가루·············· 1큰술
- 다진 마늘 ·············· 1작은술
- 액젓·············· 1작은술
- 맛술·············· 1작은술
- 설탕·············· 1작은술
- 후춧가루·············· 조금

> **Tip**
> 콩나물을 넣어 볶을 때 센 불에서 재빨리 조리해야 겉물이 생기지 않고 아삭한 맛이 살아있다. 다 볶은 후 고추기름을 한 두 방울 넣으면 칼칼한 맛이 더해진다.

HOW TO

1. 콩나물은 씻어 물기를 뺀다.

2. 양파는 굵직하게 채 썰고, 청양고추는 반으로 가른 후 어슷하게 썬다.

3. 달군 팬에 식용유를 두르고 고춧가루와 다진 마늘을 먼저 넣어 중불에서 타지 않게 달달 볶는다.

4. 양념에 콩나물과 양파, 청양고추를 넣어 고루 섞어가며 볶다가 액젓과 맛술, 설탕, 후춧가루를 넣는다.

콩나물김치국밥

- 콩나물·············· 150g
- 송송 썬 김치 ·············· 1컵
- 대파·············· 1/2대
- 밥·············· 1컵
- 멸치 육수(물 3+1/2컵+국물용 멸치 8마리) ·············· 3+1/2컵
- 새우젓·············· 1+1/2큰술
- 다진 마늘 ·············· 1작은술
- 고춧가루·············· 1작은술
- 소금·············· 조금

> **Tip**
> 국밥을 끓일 때 새우젓 대신 멸치 액젓으로 간을 맞추면 더 진한 감칠맛을 즐길 수 있다. 김치의 칼칼함이 부족한 듯하면 청양고추를 한 개 썰어 넣어도 좋다.

HOW TO

1. 콩나물은 씻어 물기를 뺀다.

2. 김치를 준비하고 대파는 송송 썬다.

3. 냄비에 밥을 담고 육수를 붓고 김치와 콩나물을 넣은 뒤 뚜껑을 덮어 끓인다.

4. 콩나물이 익는 냄새가 나면 잠시 후 새우젓으로 간을 맞추고 다진 마늘과 고춧가루로 맛을 낸다. 모자라는 간은 소금으로 맞춘다.

반찬 숙주팟타이소스볶음

국물 숙주연두부맑은국

숙주팟타이소스볶음
숙주연두부맑은국

숙주는 수분이 많아 아삭하게 씹히는 맛이 좋다.
센 불에서 볶아도 좋고 뜨거운 국물을 끼얹어 숨만 죽여도 먹을 수 있다.
숙주는 저장성이 떨어져 이틀만 지나도 물러지기 시작하므로
한 봉지 사면 바로 다 먹을 수 있도록 식단을 짜는 것이 좋다.

숙주 팟타이소스볶음

숙주	150g
대파	1대
양파	1/4개
달걀	1개
식용유	1큰술
팟타이소스	2큰술

Tip
팟타이소스는 쌀국수를 볶거나 볶음밥을 만들 때 사용하는 태국식 소스로 다른 재료 없이 이 소스 하나만으로도 충분히 맛을 낼 수 있다. 다양한 볶음 음식을 만들 때 넣으면 실패하지 않고 맛을 낼 수 있다.

HOW TO

1. 숙주는 씻어 물기를 빼고 대파는 4cm 길이로 도톰하게 자른다. 양파는 굵게 채 썬다.

2. 달걀은 곱게 풀어놓는다.

3. 달군 팬에 식용유를 두르고 숙주와 양파를 넣어 센 불에서 볶다가 팬 한쪽으로 밀어 놓고 달걀 푼 것을 넣어 익기 시작하면 멍울이 생기도록 주걱으로 휘젓는다.

4. 팟타이소스와 대파를 넣어 고루 섞어가며 볶는다.

숙주 연두부맑은국

숙주	150g
연두부	1/2컵
실파	1뿌리
멸치 육수(물 3컵+국물용 멸치 6마리)	3컵
새우젓	2작은술
후춧가루	조금
으깬 마른 고추	조금

Tip
연두부 대신 순두부나 일반 두부를 넣어도 된다. 연두부는 부드러운 맛이 좋아 끓일 때 지나치게 센 불에 오래 끓이지 않아야 으깨지는 것을 피할 수 있다.

HOW TO

1. 숙주는 끓는 물에 살짝 데치거나 끓는 물을 부어 숨을 죽인 후 바로 물을 버린다.

2. 멸치 육수를 냄비에 담고 한소끔 끓인 후 연두부를 숟가락으로 떠 넣는다.

3. 연두부에 숙주를 넣어 중불에서 끓인다.

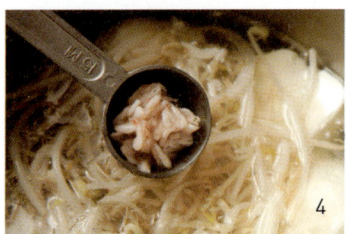

4. 다진 새우젓을 넣어 간을 맞추고 후춧가루를 뿌려 향을 더한다. 불에서 내리기 전에 2cm 길이로 자른 실파를 얹어 색을 돋운다.

반찬 마늘종볶음

국물 마늘종버섯국

마 늘 종

마늘종볶음
마늘종버섯국

마늘종은 생으로 먹으면 맵고 알싸한 맛이 돌지만 익히면 매운맛은 사라지고 단맛마저 느껴진다. 데쳐서 무치거나 볶아도 맛있고 된장이나 고추장에 박아 장아찌로 만들어도 좋다. 국물 음식엔 주로 부재료로 사용하지만 이번에는 버섯과 섞어 깔끔한 국을 만들어보았다.

마늘종볶음

마늘종·············· 120g	간장·············· 2작은술
마늘·············· 4쪽	굴소스············ 1작은술
베이컨············ 2장	통깨·············· 조금
식용유············ 1큰술	

HOW TO

1. 마늘종은 씻어 2cm 길이로 자르고 통마늘도 굵직하게 채 썬다.

2. 달군 팬에 베이컨을 적당한 길이로 잘라 넣고 바삭하게 구워 종이 타월 위에 올려 기름기를 뺀다.

3. 끓는 물에 마늘종을 넣어 둥둥 뜨도록 데친 후 찬물에 재빨리 헹궈 물기를 턴다.

4. 달군 팬에 식용유를 두르고 마늘종과 마늘채를 넣어 볶다가 간장과 굴소스, 통깨로 간을 맞춘다. 마지막에 구운 베이컨을 넣어 섞는다.

Tip
마늘종을 볶을 때 볶음용 멸치나 마른 새우, 마른 홍합 등을 굵직하게 다져서 함께 넣으면 부재료에 따라 다른 맛을 즐길 수 있다.

마늘종버섯국

마늘종·············· 100g	달걀················ 1개
새송이버섯(대) ········ 1개	새우젓············ 2작은술
홍고추················ 1개	다진 마늘 ········ 1작은술
멸치 육수(물 3컵+국물용 멸치 6마리)·············· 3컵	참기름············ 1작은술
	소금················ 조금

HOW TO

1. 마늘종은 1cm 길이로 송송 잘라 끓는 물에 살캉거릴 정도로 데쳐 찬물에 헹궈 건진다.

2. 새송이버섯은 2cm 길이로 막대 모양으로 자르고 홍고추는 송송 썬다.

3. 넓은 그릇에 마늘종과 버섯을 담고 달걀, 소금을 넣어 고루 섞는다.

4. 육수를 냄비에 담고 한소끔 끓이다가 마늘종 반죽을 숟가락으로 떠 넣고 새우젓과 다진 마늘로 간을 맞춘 후 참기름을 뿌려 맛을 더한다.

> *Tip*
> 새우젓도 액젓과 마찬가지로 국물 음식의 간을 맞출 때 넣으면 감칠맛이 진하게 돈다. 새우젓은 콩나물국이나 두붓국처럼 맑게 끓이는 국물 음식에 특히 잘 어울린다.

VEGETABLE

고구마순볶음
고구마순들깨탕

섬유질이 풍부한 고구마 순은 강한 풍미가 있는 재료가 아니어서 조리법에 따라
맛의 변화를 주기 좋다. 양념에 따라 맛의 변화를 즐길 수 있고
조리법에 따라 식탁 위 담음새도 달리할 수 있다.
요즘에는 대부분 삶아서 팔기 때문에 따로 손질할 필요가 없다.

`국물` 고구마순들깨탕

`반찬` 고구마순볶음

고구마순 볶음

- 삶은 고구마 순 ·············· 200g
- 양파 ····················· 1/4개
- 식용유 ···················· 2큰술
- 다진 마늘 ················· 1/2큰술
- 액젓 ····················· 1큰술
- 설탕 ···················· 1작은술
- 후춧가루 ·················· 조금

Tip
삶은 고구마 순의 물기를 가볍게 짠 후 양손으로 동그랗게 말아 쥐면 대략 200g 정도 된다. 먹기 좋은 크기로 잘라야 간이 고루 배고 그릇에 담을 때도 정갈해 보인다. 볶을 때 물기 없이 충분히 볶아야 질척거리지 않는다.

HOW TO

1. 고구마 순은 삶은 것으로 준비해 맑은 물에 한 번 헹궈 물기를 가볍게 짠 후 3~4cm 길이로 자른다.

2. 양파는 너무 두껍지 않게 채 썬다.

3. 달군 팬에 식용유를 두르고 고구마 순을 넣어 기름이 돌도록 센 불에서 볶는다.

4. 고구마 순에 양파와 다진 마늘을 넣고 고루 섞어가면서 볶다가 액젓과 설탕을 넣어 맛을 더한다. 양파가 나른하게 익으면 불에서 내린 후 후춧가루를 뿌려 향을 더한다.

고구마순 들깨탕

- 삶은 고구마 순 ·············· 100g
- 대파 ····················· 1/3대
- 멸치 육수(물 2컵+국물용 멸치 4마리) ········· 2컵
- 들기름 ··················· 2작은술
- 들깻가루 ·················· 4큰술
- 다진 마늘 ················· 1작은술
- 국간장 ···················· 2큰술

Tip
들깻가루는 나물을 무칠 때나 자박자박한 국물 음식에 넣으면 고소함이 입 안 가득 퍼지고 영양도 더할 수 있어 좋다. 껍질 벗겨 가루 낸 것으로 살 때는 가급적 적은 양을 사서 조리하고 남은 것은 냉동 보관하는 것이 좋다.

HOW TO

1. 고구마 순은 삶은 것으로 준비해 2cm 길이로 짧게 자르고 대파는 파란색 부분으로 준비해 고구마 순과 비슷한 모양으로 자른다.

2. 냄비에 자른 고구마 순을 담고 들기름과 들깻가루를 넣어 무친다.

3. 냄비에 멸치 육수를 붓고 중불에서 팔팔 끓인다.

4. 들깨 향이 고루 퍼지고 고구마 순이 나른해지면 대파와 다진 마늘을 넣고 국간장을 넣어 간을 맞춘다.

VEGETABLE

더덕간장조림
더덕보푸라기고추장찌개

더덕은 인삼에도 들어 있는 사포닌 성분이 함유 되어 있어
허약해진 위를 튼튼하게 하고 폐 기능도 원활해지게 도와준다.
다양한 반찬으로, 술로, 탕으로도 즐길 수 있는
더덕으로 건강 밥상을 차려본다.

반찬 더덕간장조림

국물 더덕보푸라기고추장찌개

더덕간장조림

- 더덕·················130g
- 홍고추················1개
- 간장················3큰술
- 설탕················1큰술
- 참기름···············1작은술
- 물·················1/2컵
- 식용유···············1큰술

Tip
더덕을 조릴 때 너무 센 불에서 하면 양념이 속으로 배기도 전에 타버려 제맛을 내기 힘들다. 불을 중불 이하로 약하게 해 은근하게 간이 배도록 조려야 한다.

HOW TO

더덕은 껍질을 벗긴 것으로 준비해 도톰하지만 너무 크지 않게 길이로 저며 썬다.

자른 더덕은 칼등으로 두들겨 나른하게 만들고 홍고추는 굵직하게 다진다.

냄비에 식용유와 간장, 설탕, 참기름, 물을 붓고 한소끔 끓인다.

양념장에 더덕과 홍고추를 넣어 국물이 자작하게 되도록 조린다.

더덕보푸라기 고추장찌개

- 더덕·················150g
- 밀가루···············5큰술
- 달걀················1개
- 대파················1/4대
- 멸치 육수(물 3컵+국물용 멸치 6마리)············3컵
- 고추장···············1큰술
- 고춧가루··············1작은술
- 국간장···············1큰술
- 다진 마늘··············1작은술
- 맛술················1작은술
- 후춧가루··············조금

Tip
고추장으로 찌개나 국을 끓일 때 고추장을 많이 넣으면 텁텁해질 수 있다. 이럴 때는 고추장의 양을 줄이고 고춧가루를 더하면 텁텁함을 덜 수 있다. 매콤한 맛을 내려고 했다면 고추장 대신 청양고추를 넣어 매운맛을 더하거나 후춧가루 양을 조금 더 늘려 넣어도 된다.

HOW TO

더덕은 횡으로 저며 썬 후 다시 반으로 자른다.

자른 더덕은 칼등으로 두들겨 보푸라기처럼 만들고 밀가루와 달걀을 넣어 고루 섞은 반죽도 준비한다.

밀가루와 달걀 섞은 것에 더덕을 넣어 고루 섞는다.

냄비에 육수를 담고 고추장과 고춧가루를 넣어 한소끔 끓인 후 반죽한 더덕을 숟가락으로 떠 동그란 모양으로 넣어 끓인다. 둥둥 떠오르면 어슷하게 썬 대파를 넣고 국간장과 다진 마늘, 맛술, 후춧가루로 간을 맞춘다.

반찬 도라지자반

국물 도라지부침전골

VEGETABLE

도라지자반
도라지부침전골

호흡기 계통에 좋은 것으로 널리 알려진 도라지는
약용 외에도 나물로, 생채로,
자반으로 상에 자주 오르는 건강 반찬 재료다.
익히면 단맛이 날 정도로 당분이 많고 칼슘과 철분도 많은 식품이다.

도라지자반

도라지 ·············· 150g	간장 ·············· 2큰술
밀가루 ·············· 1큰술	맛술 ·············· 1/2큰술
식용유 ·········· 1+1/2큰술	참기름 ············ 1/2큰술

HOW TO

1. 도라지는 손질해 길이로 쭉쭉 찢어진 것으로 준비해 굵은소금을 조금 뿌려 주물러준 후 맑은 물에 씻어 물기를 뺀다.

2. 물기 뺀 도라지는 3~4cm 길이로 자른 후 밀가루를 뿌려 옷을 가볍게 입힌다.

3. 달군 팬에 식용유를 두르고 밀가루에 버무린 도라지를 넣어 서로 들러붙지 않게 젓가락으로 정리하면서 애벌로 굽는다.

4. 도라지가 익기 시작하면 불을 약하게 줄인 후 간장과 맛술, 참기름을 섞어 솔솔 뿌려가며 간이 배도록 조린다.

Tip

도라지에 밀가루를 가볍게 입혀 애벌로 익혀 간을 하면 도라지에 너무 깊게 간이 배어들어 축축 늘어지는 것을 피할 수 있다. 또한 혹시나 남아있을 도라지의 쓴맛도 누그러뜨릴 수 있어 일석이조.

도라지부침전골

도라지 200g	배추잎 2장	멸치 육수(물 4컵+국물용 멸치 8마리) 4컵
풋고추 2개	밀가루 1/2컵	국간장 2+1/2큰술
당근 1/5개	달걀 1개	다진 마늘 1작은술
대파 1대	물 1/4컵	후춧가루 조금
양파 1/4개	식용유 2큰술	

HOW TO

1. 도라지는 굵은소금으로 문지르고 물로 씻어낸 후 곱게 다진다. 풋고추와 당근은 도라지처럼 곱게 다지고 대파와 양파는 3cm 길이로 채 썬다. 배추잎도 대파와 비슷한 크기로 자른다.

2. 다진 도라지에 밀가루, 다진 풋고추와 당근을 넣고 달걀을 깨뜨려 넣고 고루 섞은 후 물을 부어 고루 섞는다.

3. 달군 팬에 식용유를 두르고 반죽을 올려 노르스름하고 바삭하게 전을 부친 다음 1×3cm 길이로 네모지게 자른다.

4. 전골 냄비나 팬에 도라지전과 대파, 양파, 배추잎을 빙 둘러 담고 멸치 육수를 부어 채소가 숨이 죽을 정도로만 끓인다. 국간장과 다진 마늘, 후춧가루로 간을 맞춘다.

> *Tip*
> 국물이 깔끔한 전골로 만들어 먹고 나면 속이 편해진다. 전을 만들고 또 부재료를 더해 끓이는 과정이 다소 번거롭긴 하지만 도라지를 국물에 넣어 끓여 먹는 것과는 맛이 다른 것이 사실. 부재료는 냉장고 속 재료로 자유롭게 응용하면 좋다.

반찬 무간장조림

국물 무채대파국

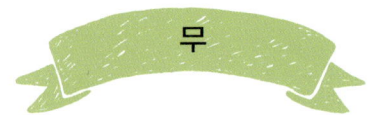

무간장조림
무채대파국

날것으로도 먹고 익혀서도 먹을 수 있어
냉장고에 무 반 토막만 있어도 응용할 음식이 참 많다.
게다가 보존성도 좋아 알뜰하게 먹을 수 있다.
양념에 따라 맛이 전혀 다르게 느껴질 정도로 간이 잘 배는 채소이기도 하다.
익히면 단맛도 나고 소화도 잘된다.

VEGETABLE

무간장조림

무 · 1/4개
느타리버섯 · · · · · · · · · · · · · · · · 50g
물 · 1/2컵
간장 · · · · · · · · · · · · · · · · · · · 1+1/2큰술
설탕 · 1작은술
참기름 · · · · · · · · · · · · · · · · · · · 1작은술
다진 마늘 · · · · · · · · · · · · 1/2작은술

HOW TO

무는 도톰하게 한 입에 먹기 좋은 크기로 네모지게 자른다.

느타리버섯은 가닥을 분리한 후 반으로 자른다.

간장과 설탕, 참기름, 다진 마늘을 한데 담아 양념장을 만든다.

오목한 팬에 무를 빙 둘러 담고 양념장을 끼얹고 버섯을 군데군데 얹은 후 물을 부어 중불에서 국물이 자박하게 남도록 조린다.

Tip
매콤한 맛을 원하면 청양고추나 고춧가루를 첨가해 맛을 내도 좋다. 시판하는 버섯가루나 멸치가루를 구비해 놓으면 조금만 넣어도 감칠맛을 더할 수 있다.

무채대파국

무 · 1/4개
대파 · 1대
멸치 육수(물 3+1/2컵+국물용 멸치 6마리) · · · · · · · · · · · · · · · · · · · 3+1/2컵
참기름 · · · · · · · · · · · · · · · · · · · 1작은술
국간장 · · · · · · · · · · · · · · · · · · 1+1/2큰술
다진 마늘 · · · · · · · · · · · · · · · · 1작은술
통깨 · 1큰술

HOW TO

무는 굵직하게 채 썬다.

대파는 무채와 같은 길이로 길쭉하고 네모지게 자른다.

냄비에 무채를 담고 참기름을 넣어 달달 볶다가 멸치 육수를 부어 한소끔 끓인다.

대파를 넣고 국간장과 다진 마늘로 간을 한 후 통깨를 부수어가며 넉넉히 넣는다.

Tip
담백한 맛이 나는 국이므로 통깨를 넉넉히 넣어 고소한 향을 더하면 더욱 맛있다. 대파 대신 두부나 북어포 몇 조각을 넣어 맛의 변화를 줘도 좋다. 식어도 맛있으므로 남은 것은 냉장고에 보관한다.

VEGETABLE

버섯

버섯잡채
버섯탕

버섯은 데쳐 기름장에 찍어 먹어도 되고 볶으면 기름 흡수를 잘해 맛과 영양이 좋아진다.
버섯마다 영양은 조금씩 다르지만 칼로리가 낮거나 거의 없는 것이 많고
특유의 감칠맛을 내는 구아닐산이 풍부한 표고버섯은 혈압을 낮춰주고 동맥경화에도 좋은 것으로 알려져 있다.
새송이버섯처럼 향이 진하지 않은 종류는 여러 음식에 부재료로 사용할 수 있다.

반찬 버섯잡채   국물 버섯탕

버섯잡채

- 새송이버섯 ······················ 2개
- 양파 ···························· 1/4개
- 당근 ···························· 1/4개
- 파프리카 ······················· 1/4개
- 식용유 ························· 1큰술
- 간장 ···························· 1큰술
- 굴소스 ························· 1큰술
- 다진 마늘 ····················· 1작은술
- 설탕 ··························· 1작은술
- 통깨 ··························· 1작은술

> **Tip**
> 새송이버섯 대신 다른 버섯으로 잡채를 만들어도 맛있다. 느타리버섯은 끓는 물에 살짝 데쳐서 조리하고 생 표고버섯은 도톰하게 저며 썰어 볶아도 맛있다. 팽이버섯을 더할 경우 맨 나중에 넣어 숨이 죽을 정도로만 익힌다.

HOW TO

1. 새송이버섯은 4cm 길이로 채 썬다. 양파와 당근, 파프리카도 버섯과 비슷한 크기로 자른다.

2. 달군 팬에 식용유를 두르고 양파와 당근을 먼저 넣고 뒤섞은 후 잠시 뚜껑을 덮어 익힌다.

3. 당근이 충분히 익었는지 확인한 후 버섯과 파프리카를 넣어 센 불에서 재빨리 볶는다.

4. 간장과 굴소스, 다진 마늘, 설탕, 통깨를 넣어 고루 섞으면서 재빨리 볶는다. 너무 오래 볶으면 버섯에서 물이 나와 질척거리기 쉽다.

버섯탕

- 새송이버섯 ······················ 1개
- 느타리버섯 ······················ 20g
- 양파 ···························· 1/4개
- 청양고추 ························ 1개
- 당면 ···························· 50g
- 멸치 육수(물 3컵+국물용 멸치 5~6마리) ························· 3컵
- 고춧가루 ······················· 3큰술
- 참기름 ························ 2작은술
- 국간장 ························· 1큰술
- 다진 마늘 ····················· 1작은술
- 후춧가루 ······················· 조금

> **Tip**
> 식구 수와 조리에 맞는 뚝배기를 작은 것과 큰 것 하나씩 구비해놓으면 조리할 때 양을 가늠할 수 있어 편리하다. 작은 뚝배기는 된장찌개나 건지가 적은 맑은탕, 달걀찜 등을 만들 때 좋고 큰 것은 생선찌개나 두부전골 등 건지가 많고 푸짐하게 즐기는 음식을 만들 때 요긴하다.

HOW TO

1. 새송이버섯과 느타리버섯은 손톱만 한 크기로 네모지게 자른다. 양파도 비슷한 크기로 자르고 청양고추는 다진다.

2. 당면은 조리하기 편하게 잘라놓은 것으로 준비해 물에 담가 부드럽게 불린다.

3. 냄비에 참기름을 두르고 고춧가루와 양파, 청양고추를 넣어 달달 볶다가 육수를 붓고 한소끔 끓인다.

4. 버섯과 당면을 넣어 한소끔 끓인 후 국간장과 다진 마늘, 후춧가루를 넣어 간을 맞춘다.

국물 브로콜리크림수프

반찬 브로콜리데침&소스

VEGETABLE

브로콜리데침 & 소스
브로콜리크림수프

브로콜리는 비타민 C 함유량이 레몬의 두 배에 이를 정도로
풍부하고 칼륨이나 칼슘, 인 등의 무기질도 고루 들어 있다.
데쳐서 초고추장에 찍어 먹는 간단한 음식부터
데리야키소스를 끼얹어 샐러드처럼 만든 무침도 한식과 잘 어울리는 좋은 반찬이 된다.

브로콜리 데침 & 소스

브로콜리 ············ 200g	쯔유 ············ 3큰술
마늘 ············ 5쪽	맛술 ············ 1작은술
식용유 ············ 1큰술	

HOW TO

1. 브로콜리는 작은 송이로 잘라 끓는 물에 소금을 약간 넣고 데친 후 찬물에 헹궈 물기를 뺀다.

2. 통마늘은 도톰하게 저민다.

3. 달군 팬에 식용유를 두르고 저민 마늘을 넣어 노릇하게 굽는다.

4. 데친 브로콜리와 구운 마늘을 접시에 담고 쯔유와 맛술 섞은 것을 끼얹는다.

Tip
브로콜리는 데친 후 곧장 조리하는 것이 좋고, 먹다 남은 것은 냉장실에서 이틀 정도 보관 가능하다. 이틀 이상 되면 물러지기 시작하므로 곧 먹을 것이 아니면 냉동 보관하고 한두 번 조리해 먹을 수 있는 크기의 것으로 고르는 것이 좋다.

브로콜리 크림수프

브로콜리	100g	생크림	1/3컵
감자	1/2개	우유	1컵
양파	1/4개	소금	조금
올리브오일	2작은술	후춧가루	조금

HOW TO

1. 브로콜리는 작은 송이로 잘라 끓는 물에 소금을 약간 넣고 데친 다음 찬물에 헹궈 건진다.

2. 감자는 네모지게 잘라 물에 한 번 헹구고 양파도 네모지게 자른다.

3. 올리브오일을 두른 냄비에 감자와 양파를 넣어 볶다가 우유를 붓고 약한 불에서 끓인 후 믹서에 20초 정도 간다. 이때 믹서에 달린 작은 뚜껑을 열어야 갈면서 뜨거운 김 때문에 뚜껑이 훅 열리는 것을 막을 수 있다.

4. 3의 채소 곱게 간 것을 냄비에 붓는다. 여기에 데친 브로콜리를 넣고 생크림을 넣어 한소끔 끓인 후 소금과 후춧가루로 간을 맞춘다.

Tip
부드럽게 익은 채소와 고소한 크림이 어우러져 따뜻하게 즐기면 속이 든든하다. 고운 수프를 원하면 브로콜리도 함께 넣어 간다. 브로콜리의 초록색이 어우러져 고운 색의 수프를 즐길 수 있다.

반찬 달래낙지젓갈무침

국물 달래수제비

달래낙지젓갈무침
달래수제비

계절을 알리는 채소답게 달래가 밥상에 오르기 시작하면 봄이 왔음을 알게 된다.
이른 봄에 캔 달래는 향과 맛이 입맛을 돋우기에 충분하다.
비타민 C가 많은데 냉이나 쑥 등과는 달리
달래는 익히지 않고 생으로도 즐길 수 있는 조리법이 많아
비타민 섭취를 온전히 할 수 있어 좋다.

달래 낙지젓갈무침

달래	100g
낙지 젓갈	3큰술
청양고추	1/2개
물엿	2작은술
맛술	1작은술
통깨	1작은술

> **Tip**
> 달래는 파와 마늘과 맛이 비슷하지만 이들이 산성인 것에 비해 알칼리성이다. 고기나 생선 등의 산성 식품과 함께 먹으면 균형을 이룰 수 있다. 낙지 젓갈 대신 다른 젓갈을 넣어도 맛이 잘 어울린다.

HOW TO

1. 달래는 씻어 물기를 털고 2cm 길이로 자르고 알뿌리는 칼등으로 살짝 눌러 으깬다.

2. 낙지 젓갈은 곱게 다지고 청양고추도 다진다.

3. 달래에 낙지 젓갈과 청양고추, 물엿, 맛술을 넣어 고루 섞는다.

4. 통깨를 부수어가며 넣어 고루 섞는다.

달래 수제비

달래	100g
감자	1/2개
양파	1/4개
밀가루	1+1/2컵
물	8큰술
국물용 멸치	10마리
물	4컵
국간장	1+1/2큰술
다진 마늘	1/2작은술
통깨	조금

> **Tip**
> 달래는 줄기가 연해 쉬 물러지는 편. 조리 후 남은 달래는 냉장 보관하기보다는 달래장이라도 만들어놓는다. 된장찌개에 넣어도 맛있는데 찌개에 넣을 때는 냉동했던 것을 그대로 넣어도 되므로 랩으로 싸서 냉동하는 것도 버리지 않고 알뜰하게 먹는 요령.

HOW TO

1. 달래는 씻어 3~4cm 길이로 자른다. 감자와 양파는 굵직하게 채 썬다.

2. 밀가루에 물을 조금씩 넣으며 반죽을 만든 후 비닐봉지에 넣어 10분 정도 둔다.

3. 냄비에 내장을 정리한 멸치와 물을 넣어 한소끔 끓인 후 멸치는 건진다.

4. 3의 국물에 감자를 먼저 넣은 후 반죽을 늘려가며 떼 넣어 끓인 다음 달래, 양파를 넣고 한 번 더 끓이다가 국간장, 다진 마늘로 맛을 낸다. 그릇에 담고 통깨를 조금 뿌린다.

국물 풋고추멸치뚝배기

반찬 꽈리고추들깨무침

꽈리고추들깨무침
풋고추멸치뚝배기

고추는 부재료 역할을 주로 하지만
조리법을 달리하면 메인 음식으로 만들 수 있다.
알이 굵은 고추는 반으로 잘라 두부나 다진 고기를 채워 전을 부쳐도 맛있다.
채 썰어 중국식 고추잡채를 만들 수도 있다.

꽈리고추들깨무침

꽈리고추 · · · · · · · · · · · · · 100g	맛술 · · · · · · · · · · · · · · · 1작은술
통들깨 · · · · · · · · · · · · · · · 2큰술	물엿 · · · · · · · · · · · · · · · 2작은술
된장 · · · · · · · · · · · · · · · · 1큰술	

HOW TO

1 꽈리고추는 꼭지를 떼고 깨끗이 씻은 다음 긴 것은 반으로 자르고 길이가 적당한 것은 그대로 준비한다.

2 물을 냄비에 담고 팔팔 끓으면 꽈리고추를 넣어 이리저리 휘저어 살캉거릴 정도로만 데친 후 건져 식힌다.

3 들깨는 가루가 아닌 통들깨를 준비해 된장, 맛술과 고루 섞는다.

4 데친 꽈리고추에 양념한 들깨장을 넣어 버무리다가 물엿을 넣어 단맛을 더하면서 섞는다.

Tip
된장과 들깨는 맛이 잘 어울리는데 특히 통들깨를 넣어 무치면 톡톡 씹히는 맛이 좋다. 연한 꽈리고추와 어울려 밥반찬으로 좋다. 풋고추로 만들어도 되는데 이때는 너무 크지 않고 손으로 만져보아 두껍지 않고 연한 것으로 고른다.

풋고추멸치뚝배기

풋고추················ 8개	액젓················ 2큰술
청양고추·············· 2개	다진 마늘 ·········· 1큰술
양파················ 1/4개	고춧가루············ 1큰술
국물용 멸치 ······· 10마리	설탕············· 1작은술
물··············· 1+1/2컵	맛술············· 1작은술

HOW TO

1. 풋고추는 1cm 길이로 송송 썰고 청양고추와 양파는 굵직하게 다진다.

2. 작은 뚝배기에 내장을 뗀 멸치를 담고 풋고추와 청양고추, 물을 넣고 끓인다.

3. 고추가 나른하게 익으면 액젓과 다진 마늘, 고춧가루, 설탕, 맛술을 넣어 뒤섞어가며 약한 불에서 자작하게 끓인다.

4. 마지막으로 양파를 넣어 숨이 죽을 정도로만 끓인 후 불에서 내린다.

> *Tip*
> 식어도 맛있는 풋고추멸치뚝배기는 밥에 조금씩 넣어 비벼 먹어도 맛있고 익힌 양배추나 상추, 다시마 등으로 쌈밥을 만들어 먹을 때 쌈장 대신으로도 좋다. 멸치 대신 멸치가루를 넉넉하게 넣어 맛을 내도 좋다.

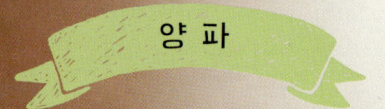

양파겉절이
양파수프

양파는 모든 음식에 다양하게 사용되는 대표 부재료.
육질을 부드럽게 할 때도 넣고 단맛을 내기 위해 설탕 대신 넉넉히 넣기도 하는 등 그 쓰임새가 다양하다.
양파에 들어 있는 알리티아민이라는 성분은 장내 세균에 의해서도 파괴되지 않고 흡수가 잘된다.
양파를 곁들여 먹으면 음식에 든 비타민 B_1의 흡수를 돕는다.
칼슘과 철분의 함량이 많아 강장 식품으로 분류되기도 한다.

반찬 양파겉절이

국물 양파수프

양파겉절이

양파 · · · · · · · · · · 2개	액젓 · · · · · · · · · · 2작은술
풋고추 · · · · · · · · · · 2개	설탕 · · · · · · · · · · 2작은술
청양고추 · · · · · · · · · · 1개	다진 마늘 · · · · · · · · · 1작은술
실파 · · · · · · · · · · 2~3뿌리	통깨 · · · · · · · · · · 1작은술
고춧가루 · · · · · · · · · 1큰술	

HOW TO

1. 양파는 한 입에 먹기 좋은 크기로 네모지게 자른다.

2. 고추는 길쭉하게 채 썰고 실파도 고추와 비슷한 크기로 자른다.

3. 넓은 그릇에 고춧가루와 액젓, 설탕, 다진 마늘, 통깨를 담고 고루 섞어 양념을 만든다.

4. 양파와 고추, 실파를 양념이 담긴 그릇에 넣어 고루 버무린다.

Tip

양파는 생으로도 먹을 수 있어 무쳐서 바로 먹을 수 있다. 매운맛이 너무 강한 것 같으면 양파를 잘라 뜨거운 물을 한 번 끼얹어 헹궈내면 매운맛을 뺄 수 있다.

양파수프

양파 · · · · · · · · · · · · · · · · · 1개	다진 마늘 · · · · · · · · · 1작은술
다진 쇠고기나 베이컨 · · 1/4컵	맛술 · · · · · · · · · · · · · · · 1작은술
멸치 육수(물 2+1/2컵+국물용	소금 · · · · · · · · · · · · · · · · · 조금
멸치 5마리) · · · · · · · 2+1/2컵	후춧가루 · · · · · · · · · · · · · 조금
올리브오일 · · · · · · · · · · · 1큰술	

HOW TO

1. 양파는 너무 굵직하지 않게 채 썬다.

2. 냄비에 올리브오일을 두르고 양파를 넣어 노르스름하게 되도록 볶는다. 양파가 나른해지면 다진 쇠고기나 베이컨, 다진 마늘, 맛술을 넣어 볶는다.

3. 육수를 붓고 팔팔 끓인 후 소금과 후춧가루로 간을 맞춘다.

Tip

제대로 된 양파수프를 만들려면 과정도 복잡하고 필요한 재료가 많지만 이렇게 약식으로 즐길 수도 있다. 양파채를 볶다가 육수를 넣을 때 국물을 너무 많이 잡지 않도록 하고 양파가 충분히 나른하게 되도록 약한 불에서 은근히 조리듯 끓인다. 취향에 따라 파르메산치즈가루를 뿌리고 바게트 빵을 곁들이면 한 그릇 음식으로 손색없다.

국물 대파얼큰국

반찬 실파김무침

실파김무침
대파얼큰국

기본 중의 기본 부재료인 파.
가열하는 음식에 넣는 것은 물론 무침류에도 넣어 맛을 내는데
요즘에는 고기나 닭튀김 등에 양념한 파채를 듬뿍 올려 먹는 것이 유행할 정도다.
파는 몸을 따뜻하게 하고 위장의 기능을 돕고
감기 기운 있을 때 뿌리째 끓여 먹으면 효과를 본다.

VEGETABLE

실파김무침

실파	10뿌리
구운 김	3장
참기름	1/2큰술
간장	1작은술
통깨	1/2큰술
소금	조금

> **Tip**
> 실파는 생으로 먹으면 맵싸한 맛이 나지만 익히면 단맛이 난다. 데친 후 물기를 충분히 빼고 참기름을 넣어 무치면 밥반찬으로 손색없는 나물이 된다.

HOW TO

1 실파는 뿌리를 자르고 씻어 끓는 물에 데친 후 찬물에 헹궈 물기를 뺀다.

2 데친 실파를 도마에 가지런히 놓고 칼등으로 가볍게 눌러 남은 물기를 빼면서 2~3cm 길이로 자른다.

3 구운 김을 비닐봉지에 넣고 입구를 묶어 굵직하게 부순다.

4 넓은 그릇에 실파를 담고 참기름과 간장, 통깨를 뿌려 무친 다음 부순 김을 넣어 가볍게 버무린다. 모자라는 간은 소금으로 맞춘다.

대파얼큰국

대파	3대
밀가루	2큰술
느타리버섯	80g
청양고추	2개
멸치 육수(물 3+1/2컵+국물용 멸치 8마리)	3+1/2컵
참기름	1큰술
고춧가루	1큰술
다진 마늘	1작은술
액젓	2작은술
후춧가루	조금

> **Tip**
> 대파에 밀가루를 뿌려 옷을 입히면 국물에 넣고 끓여도 파가 지나치게 무르는 것을 피할 수 있다. 불린 당면을 넣어 먹어도 맛있다.

HOW TO

1 대파는 손질해 4cm 길이로 토막 낸 후 길이로 2등분한다. 밀가루를 뿌려 고루 옷을 입힌다.

2 느타리버섯은 가닥을 분리하고 청양고추는 송송 썬다.

3 냄비에 참기름을 두르고 밀가루 옷 입힌 파를 넣어 볶다가 버섯과 청양고추를 넣고 멸치 육수를 붓고 센 불에서 팔팔 끓인다.

4 파와 버섯이 익어 나른하게 되면 고춧가루와 액젓, 다진 마늘, 후춧가루로 맛을 낸다.

VEGETABLE

연근

연근튀김&양념
연근달걀흰자국

본초강목에서 연근은 자양 강장, 피로 해소,
정신 안정 등에 효과가 있다고 적고 있다.
조림이나 전으로 다양하게 조리돼 밥상에 오르고 있는 연근은
아삭하게 씹히는 맛이 좋고 포만감도 느껴지는 식재료다.

국물 연근달걀흰자국

반찬 연근튀김&양념

연근튀김&양념

연근	150g
밀가루	2큰술
식용유	5큰술
된장	1큰술
참기름	1작은술
설탕	1작은술
맛술	1작은술
통깨	조금

Tip
연근을 튀기면 바삭하면서 고소한 맛이 돌아 그냥 먹어도 맛있다. 튀길 때는 얄팍하게 저며야 바삭한 맛을 즐길 수 있다. 조림으로 만들 경우 약간 도톰하게 해야 간이 적당히 배어든다.

HOW TO

1 연근은 껍질을 벗기고 링 모양으로 얄팍하게 저며 끓는 물에 식초를 넣고 데쳐서 건진다.

2 데친 연근은 물기를 대충 닦고 밀가루를 뿌린다.

3 달군 팬에 식용유를 넣고 밀가루 묻힌 연근을 넣어 바삭하게 튀긴다.

4 된장에 참기름, 설탕, 맛술, 통깨를 넣어 고루 섞은 양념을 튀긴 연근과 함께 낸다.

연근달걀흰자국

연근	200g
달걀흰자	1개 분량
밀가루	3큰술
부추	10줄기
팽이버섯	1/4봉지
멸치 육수(물 3+1/2컵+국물용 멸치 8마리)	3+1/2컵
국간장	1+1/2큰술
다진 마늘	1작은술
소금	조금
후춧가루	조금

Tip
연근은 감자와 비슷한 맛이 나 강판에 갈면 연근 자체의 모양을 살린 음식과는 전혀 다른 음식을 만들 수 있다. 연근을 좋아하지 않는 사람도 강판에 갈면 부드럽고 쫀득한 맛이 나 연근전이나 연근완자 등을 거부감 없이 잘 먹는 경우가 많다.

HOW TO

1 연근은 껍질을 벗기고 강판에 갈아 체에 밭쳐 물기를 뺀 후 달걀흰자와 밀가루를 넣어 고루 섞고 소금을 넣어 간을 맞춘다.

2 부추는 2cm 길이로 자르고 팽이버섯도 비슷한 길이로 자른다.

3 냄비에 멸치 육수를 붓고 팔팔 끓으면 부추와 팽이버섯을 넣은 다음 연근 반죽을 계량스푼으로 한 숟가락씩 떠 넣는다. 국간장과 다진 마늘, 후춧가루로 간을 맞춘다.

국물 우엉들깨탕

반찬 우엉멸치조림

우엉은 섬유질 외에 이렇다 할 영양소가 없는 채소지만
주성분인 당질에 많이 들어 있는 이눌린이라는 성분은
당뇨병 환자나 신장이 약한 사람에게 좋다.
우엉을 삶으면 파랗게 변하는데 이때 식초를 탄 물에 담가놓으면 변색을 막을 수 있다.
채 썰어 조려 반찬으로 먹거나 김밥에 넣고, 장아찌로 담그기도 한다.

우엉멸치조림

우엉	150g	설탕	1작은술
물	1/2컵	다진 마늘	1작은술
볶음용 멸치	1/4컵	참기름	1작은술
식용유	1큰술	맛술	1작은술
간장	1+1/2큰술	물엿	1작은술

HOW TO

1. 우엉은 껍질을 벗기고 너무 두껍지 않게 어슷하게 썰어 식초 1큰술을 넣은 물에 넣고 10분 정도 삶아 준비한다.

2. 속이 깊은 팬에 식용유를 두르고 간장과 설탕, 다진 마늘, 참기름, 맛술을 넣어 보글보글 끓인다.

3. 조림장에 물을 붓고 우엉을 넣어 국물이 반으로 졸아들도록 조린다.

4. 국물이 어느 정도 졸아들면 멸치를 넣어 바특하게 조린 후 물엿을 넣어 단맛과 윤기를 더한다.

Tip

우엉을 간장으로 조린 음식은 반찬으로 아주 좋다. 식어도 맛의 변화가 적고 씹는 맛이 좋은데 볶음용 멸치를 넣으면 맛과 영양 모두 변화를 줄 수 있다. 멸치 대신 멸치가루를 넣어 조리면 한층 더 구수한 맛이 돌아 맛있다.

우엉들깨탕

우엉·············· 150g	된장············· 2작은술
들깻가루··········· 3큰술	다진 마늘 ······· 1/2작은술
멸치 육수(물 2+1/2컵+국물용 멸치 4마리) ······· 2+1/2컵	들기름············· 1큰술

HOW TO

1. 우엉은 껍질을 벗기고 4cm 길이로 토막 낸 후 그 길이대로 네모지게 저며 썬다.

2. 냄비에 물을 담고 식초 1큰술을 넣고 우엉을 넣은 후 10분 정도 삶아 건진다.

3. 냄비에 육수를 붓고 손질한 우엉과 들깻가루를 넣어 한소끔 끓인다.

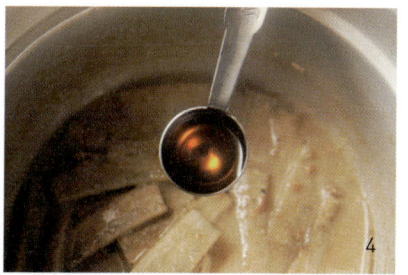

4. 된장과 다진 마늘을 넣고 약한 불로 국물이 자작하게 되도록 끓인 후 들기름을 넣어 향을 더한다.

> *Tip*
> 약한 불로 자작하게 조려서 우엉은 부드럽고 국물은 된장을 넣어서 구수한 맛이 난다. 들깻가루를 넣어 구수한 맛이 진한 데다 걸쭉해 입맛을 돋운다.

VEGETABLE

토마토볶음
토마토치즈수프

토마토는 소스나 주스 재료로 주로 쓰이지만 요즘에는 다양한 방법으로 조리되고 있다.
루틴이라는 성분이 들어 있어 혈압을 내리고 혈관을 튼튼하게 하고
칼로리가 적어 다이어트 재료로도 인기.
토마토는 생으로 먹는 것보다 익혀 먹는 것이 영양 흡수에 더 좋으므로
볶거나 탕으로 끓여 먹는 것이 제대로 된 섭취법이다.

국물 토마토치즈수프

반찬 토마토볶음

토마토볶음

토마토(중)	2개
마늘	5쪽
달걀	1개
식용유	1큰술
맛술	1작은술
소금	조금
후춧가루	조금

HOW TO

토마토는 꼭지를 떼고 반대쪽에 열십자로 칼집을 넣어 끓는 물에 데쳐 껍질을 벗긴 후 반으로 잘라 씨 부분은 버리고 먹기 좋은 크기로 자른다.

통마늘은 반으로 저미고 달걀은 곱게 풀어 놓는다.

달군 팬에 식용유를 두르고 마늘을 먼저 넣어 볶다가 달걀을 넣어 익기 시작하면 멍울이 생기도록 휘젓는다.

달걀이 익으면 토마토를 넣고 가볍게 버무려가며 볶다가 맛술과 소금, 후춧가루로 간을 맞춘다.

Tip
토마토의 신맛이 사라지고 마늘과 달걀이 어우러져 깔끔하다. 밥과 함께 먹어도 되지만 파스타나 바게트 등을 곁들이면 일요일에 느긋한 브런치 메뉴로 즐길 수 있다.

토마토치즈수프

토마토(중)	2개
양파	1/4개
멸치 육수(물 2컵+국물용 멸치 5마리)	2컵
모차렐라치즈	50g
파르메산치즈가루	2큰술
바질	조금
버터	1큰술
토마토케첩	3큰술
설탕	2작은술
소금	조금
후춧가루	조금

HOW TO

토마토는 칼집을 넣어 끓는 물에 데쳐 껍질을 벗기고 굵직하게 다진다.

양파도 토마토와 비슷한 크기로 썰고 마늘은 도톰하게 저민다. 바질 잎을 준비한다.

속이 깊은 팬에 버터를 두르고 토마토와 양파를 넣어 달달 볶다가 멸치 육수를 붓고 한소끔 끓인다.

토마토케첩과 설탕, 소금, 후춧가루를 넣은 후 잘게 썬 모차렐라치즈를 얹고 불에서 내린다. 따뜻할 때 그릇에 담고 파르메산치즈 가루를 뿌린다.

Tip
버터가 없으면 올리브오일을 두르고 볶아도 된다. 식으면 치즈가 굳어 맛이 덜하므로 따뜻할 때 먹을 수 있게 준비한다. 만약 식었다면 전자레인지에 1분 정도 돌려 먹는다.

PART 2

구워 먹고 남은 삼겹살을 김치찌개에 넣을 줄 아는 주부 구단도 있죠. 그러나 삼겹살 하면 무조건 굽기만 하고 사태는 국물 낼 때만 사용하는 것으로 알고 있는 주부 또한 많아요. 저도 초보 주부일 때는 그랬으니까요. 그러나 수육용으로 산 고기 남은 것은 다져서 볶다가 육수를 붓고 감자를 넣어 국을 끓여도 참 맛있답니다. 한 가지 부위의 고기로 국과 반찬을 동시에 만들 수 있는 조리 아이디어를 소개할게요.

고기와 달걀을 부탁해
MEAT & EGG

고기 한 근, 두 가지 음식

국물 안심무채국
반찬 안심와사비구이

소 안심

안심와사비구이
안심무채국

쇠고기 부위 중 가장 연하며 주로 구워 먹는다.
불에 올려 앞뒤 겉면만 살짝 익히면 쇠고기의 연한 맛과
풍부한 육즙의 맛을 즐길 수 있다.

안심와사비구이

소 안심	300g
양파	1/2개
마늘	4쪽
와사비	1/2큰술
소금	조금

> **Tip**
> 안심처럼 연한 부위를 두껍지 않게 썰어 센 불에 올려 10초 정도 후 '지지 직' 소리가 나면 뒤집는다. 다른 면도 살짝 구워 먹어야 연한 맛을 즐길 수 있다.

HOW TO

안심은 0.5cm 두께로 길쭉하게 저민 후 종 이타월 위에 올려 물기를 거둔다.

양파는 굵직하게 채 썰고 마늘은 도톰하게 썬다.

달군 팬에 고기와 양파, 마늘을 번갈아가며 올려 굽는다.

구워진 고기에 와사비를 약간씩 펴 바른다. 소금을 곁들여 찍어 먹을 수 있게 준비한다.

안심무채국

소 안심	100g
무	1/8개
대파	1/2대
물	2+1/2컵
참기름	1작은술
국간장	1+1/2큰술
다진 마늘	1/2작은술
후춧가루	조금

> **Tip**
> 잘게 썬 고기에 열에 쉽게 익는 무를 넣고 끓이는 국이라 조리 시간이 짧고 간단하다. 조리하고 남은 고기의 양이 많지 않다면 다져서 비닐 랩에 싸두었다가 무나 두부, 배추 등을 넣어 탕이나 국을 끓이거나 볶음밥 등에 넣으면 알뜰하게 먹을 수 있다.

HOW TO

안심은 손톱만 한 크기로 자른다.

무는 3cm 길이로 굵직하게 채 썰고 대파는 어슷하게 자른다.

냄비에 참기름을 두르고 무를 넣어 가볍게 볶다가 물을 붓고 한소끔 끓인다.

1의 안심을 넣고 팔팔 끓인 후 대파를 넣고 국간장과 다진 마늘, 후춧가루로 간을 맞춘다.

소 등심

등심찹스테이크
등심두부시금칫국

안심과 함께 구이용으로 많이 사용하는 등심은
안심보다는 육질이 덜 부드럽지만 육즙이 풍부하고 씹는 맛이 좋다.
소금장에 찍거나 소스를 곁들이면 다양한 맛으로 즐길 수 있다.

국물 등심두부시금칫국

반찬 등심찹스테이크

등심찹스테이크

- 꽃등심·················· 300g
- 가지·················· 1/2개
- 청·홍 피망 ············· 1/4개씩
- 마늘·················· 3쪽
- 스테이크소스 ············ 2큰술
- 와인이나 맛술 ············ 1큰술
- 소금·················· 조금
- 후춧가루 ··············· 조금

> **Tip**
> 시중에서 판매하는 스테이크 소스는 다양하다. 내용물을 읽어보고 선택하는 것이 좋다. 단맛이 약한 것이 있는가 하면 과일을 갈아서 넣거나 꿀 등을 넣어 단맛을 더한 것도 있다. 소스의 양도 적절해야 하는데 너무 많이 넣으면 고기 자체의 맛을 즐길 수가 없다.

HOW TO

등심은 한 입에 먹기 좋은 크기로 네모지게 자른다.

가지와 피망은 등심과 비슷한 크기로 자르고 마늘은 반으로 도톰하게 저민다.

달군 팬에 고기와 가지, 피망, 마늘을 넣고 와인이나 맛술을 끼얹고 소금과 후춧가루를 조금씩 넣어 센 불에서 살짝 굽는다.

고기가 익기 시작하면 스테이크소스를 넣어 고루 버무리면서 맛을 낸다.

등심두부 시금칫국

- 꽃등심·················· 100g
- 두부·················· 1/3모
- 시금치················ 4줄기
- 대파·················· 1/4대
- 멸치 육수(물 3컵+국물용 멸치 5마리)
  ···················· 3컵
- 참기름················ 2작은술
- 국간장················ 1큰술
- 다진 마늘 ·············· 1작은술
- 생강즙················ 조금
- 소금················ 1/2작은술
- 후춧가루 ··············· 조금

> **Tip**
> 고기를 조금 넣고 담백하게 끓이는 국이라 멸치 육수를 따로 준비하는 것이 좋다. 부드러운 맛의 두부를 더하고 입맛을 돋우는 초록색의 시금치를 넣어 깔끔한 맛이 도는 국이다.

HOW TO

등심은 기름기가 붙어 있는 부위를 중심으로 손톱만 한 크기로 자른다.

두부와 대파는 2~3cm 길이로 막대 모양으로 자른다. 시금치는 반으로 자른다.

냄비에 참기름을 두르고 등심을 넣어 볶다가 육수를 붓고 한소끔 끓인다.

고기가 하얗게 익기 시작하면 두부와 시금치, 대파를 넣고 국간장과 다진 마늘, 생강즙, 소금, 후춧가루로 간을 맞춘다. 끓이면서 생기는 거품을 말끔히 걷어낸다.

국물 소다리살미역국
반찬 소다리살불고기

소다리살불고기
소다리살미역국

소 다리살은 양념해 볶거나 국이나 전골에 넣으면 맛있는 부위로
씹는 맛이 좋고 감칠맛이 진하다.
잘게 다져 볶음밥을 만들 때 넣거나 피자 등의 고명으로 얹어도 된다.
다른 부위에 비해 가격도 저렴한 편이라 다양하게 활용하기 좋다.

소다리살불고기

소 다리살	250g	맛술	1큰술
양파	1/2개	참기름	1/2큰술
대파	1/4대	다진 마늘	1/2큰술
팽이버섯	1/2봉지	설탕	1/2큰술
간장	2큰술	후춧가루	조금

HOW TO

1. 소 다리살은 너무 두껍지 않게 길쭉하게 잘라 종이 타월 위에 올려 물기를 뺀다.

2. 양파는 반은 채 썰고 반은 강판에 간다. 대파는 어슷하게 썰고 팽이버섯은 밑동을 자른다.

3. 넓은 그릇에 간장과 맛술, 참기름, 다진 마늘, 설탕을 넣어 고루 섞다가 다리살과 양파 간 것, 후춧가루를 넣어 고루 섞는다. 양념 후 바로 조리해도 되고, 잠시 냉장고에 넣어두었다가 조리하면 간이 배어 더 맛있다.

4. 달군 팬에 양념한 고기와 양파, 대파, 팽이버섯을 넣어 볶는다. 고기가 익기 시작하면 젓가락으로 뒤집어가며 국물이 자작하게 되도록 익힌다.

Tip
불고기용으로 양념한 고기는 응용할 음식이 많다. 잡채 만들 때 넣어도 되고 버섯이나 두부를 섞어 전골로 만들어도 좋다. 볶다가 육수를 붓고 달걀을 풀어 밥 위에 얹으면 불고기덮밥도 만들 수 있다.

소다리살미역국

소 다리살 ········· 150g   물 ················ 4컵
불린 미역 ········· 1+1/2컵 참기름 ············ 2작은술
마른 새우 ········· 1/4컵   국간장 ············ 1+1/2큰술

HOW TO

1. 소 다리살은 굵직하게 다지거나 손톱만 한 크기로 자른다.

2. 불린 미역은 먹기 좋게 자른다.

3. 냄비에 물과 마른 새우를 넣고 팔팔 끓이다가 마른 새우는 건진다.

4. 냄비에 참기름을 두른 후 미역을 넣어 달달 볶다가 다리살을 넣은 후 새우 끓인 물을 붓고 국간장으로 간을 한 후 중간 불에서 20분 정도 더 끓인다.

Tip
시원하고 개운한 맛을 더하기 위해 마른 새우를 끓인 물로 국물을 잡으면 좋다. 국물을 낸 마른 새우는 건지지 않아도 되지만 건지는 것이 더 깔끔하다. 미역국을 끓일 때는 다진 마늘을 쓰지 않는 것이 깔끔하다. 참기름으로 고기와 미역을 볶으면 육수를 따로 넣지 않아도 국물이 진하게 우러나와 맛있게 끓일 수 있다. 국간장 대신 액젓으로 간을 맞춰도 감칠맛이 좋다.

반찬 갈비찜

국물 갈비당면탕

소 갈비

갈비찜
갈비당면탕

명절이나 특별한 날 음식으로 빠지지 않는 갈비는
기름과 힘줄이 있어 기본 손질을 잘 해야 한다.
갈비를 뼈째 조리할 때는 애벌로 삶아 기름기를 빼야 깔끔하고
갈비살만 발라놓은 것은 구이나 탕으로 만들어 먹기에 좋다.

갈비찜

소갈비 … 500g	물 … 1/2컵	생강즙 … 1작은술
양파 … 1개	간장 … 4큰술	소금 … 조금
표고버섯 … 2개	맛술 … 1큰술	후춧가루 … 조금
당근 … 1/4개	설탕 … 1+1/2큰술	
대파 … 1/2대	다진 마늘 … 1큰술	

HOW TO

1. 갈비는 찜용으로 잘라놓은 것으로 준비해 물에 3시간 정도 담가 핏물을 뺀 후 끓는 물에 넣어 5분 정도 팔팔 끓인 후 물을 따라 버린다.

2. 갈비를 삶는 동안 양파 1/2 개는 갈고 나머지는 굵직하게 채 썬다. 표고버섯은 기둥을 떼고 열십자로 자른다. 당근은 버섯과 비슷하게 자르고 대파는 어슷하게 썬다.

3. 그릇에 양파 간 것과 간장, 맛술, 설탕, 다진 마늘, 생강즙, 소금, 후춧가루를 넣어 고루 섞어 양념장을 만든다.

4. 냄비에 갈비와 양파, 버섯, 당근을 어우러지게 담고 양념장을 고루 끼얹은 후 물을 가장자리로 둘러 붓는다. 뚜껑을 덮고 처음에는 센 불에서 끓이다가 국물이 생기고 맛이 돌기 시작하면 중불로 줄여 40분 정도 더 끓인다. 국물이 너무 졸여져 바특해도 좋지 않고 너무 흥건해도 간이 배지 않아 맛이 없다. 갈비가 1/3 정도 잠길 정도로 국물이 남으면 다 된 것.

Tip

갈비찜을 할 때 북어포나 다시마를 조금 넣으면 감칠맛을 더 낼 수 있다. 북어포는 건져 먹어도 되고 다시마는 버린다.

갈비당면탕

소갈비	200g	국간장	2큰술
당면	50g	액젓	1작은술
대파	1대	다진 마늘	1작은술
다시마(손바닥 1/2 크기)	1장	맛술	1작은술
물	4컵	후춧가루	조금

HOW TO

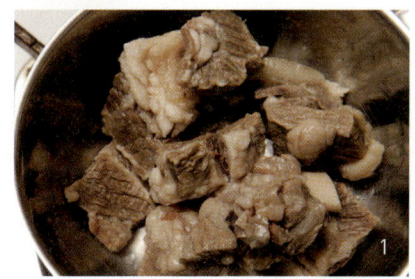

1. 갈비는 끓는 물에 5분 정도 삶아 건진 후 칼집을 군데군데 넣는다.

2. 당면은 물에 담가 불리고 대파는 3cm 길이로 자른다. 다시마는 물에 씻는다.

3. 냄비에 물을 담고 갈비와 다시마, 대파를 넣어 센 불에서 20분 정도 끓인다.

4. 불을 중불로 줄여 30분 정도 더 끓이다가 다시마를 건져낸 후 당면을 넣고 국간장과 액젓, 다진 마늘, 맛술, 후춧가루를 넣는다. 당면이 투명해지고 쫄깃하게 익으면 다 된 것.

Tip

갈비로 탕을 끓일 때 갈비의 살을 펴 바르듯 칼집을 넣으면 국물 맛이 더 진해지면서 구수한 맛을 즐길 수 있다. 당면을 넣으면 건져 먹는 재미가 있는데 금방 붇기 때문에 먼저 건져 먹는다.

국물 양지배춧국

반찬 양지약고추장

양지약고추장
양지배춧국

양지는 국을 끓일 때 사용하는 대표적인 부위.
기름이 고루 퍼져 있고 결이 일정해 오래 끓여
결대로 찢으면 먹기에도 좋고 국물 맛도 좋다.

양지 약고추장

양지	100g
고추장	2컵
양파	1/4개
대파	1/4대
식용유	1큰술
참기름	1큰술
설탕	1큰술
맛술	1작은술
꿀	1작은술
잣	1큰술
통깨	1/2큰술

Tip 약고추장은 저장 밑반찬으로 좋다. 쌈장으로는 물론 비빔밥 장으로 좋고 나물을 무칠 때 넣어도 맛있다. 마지막에 꿀을 넣으면 윤기가 돌고 꿀 특유의 향이 더해져 더욱 맛있다. 만든 다음 완전히 식혀 냉장실에 보관하면 2주 이상 먹을 수 있다.

HOW TO

1. 양지는 흐르는 물에 살짝 씻어 물기를 뺀 후 곱게 다진다.

2. 양파는 굵직하게 다지고 대파는 송송 썬다.

3. 달군 팬에 식용유를 두르고 양지와 양파를 넣어 달달 볶다가 참기름과 설탕, 맛술을 넣어 섞는다.

4. 고기가 완전히 익으면 고추장을 넣어 중불에서 볶는다. '폭, 폭' 소리가 나고 고추장에 잔구멍이 생기면서 끓으면 불을 약하게 줄인 후 대파와 꿀, 잣, 통깨를 넣는다.

양지 배춧국

양지	150g
배춧잎	6~8장
대파	1/4대
다시마(손바닥 1/2 크기)	1장
물	4컵
국간장	1큰술
액젓	1큰술
다진 마늘	1작은술
후춧가루	조금

Tip 대파는 육질을 부드럽게 하면서 익으면 파 특유의 달착지근한 맛을 내 국물의 맛이 좋아진다. 고깃국에 무를 넣으면 시원하면서 깔끔한 맛이 돈다.

HOW TO

1. 양지는 흐르는 물에 씻어 먹기 좋은 크기로 너무 두껍지 않게 저민다.

2. 배추는 1cm 폭으로 자르고 대파는 송송 썬다. 다시마는 물에 한 번 씻어 둔다.

3. 냄비에 양지와 다시마를 담고 물을 부어 센불에서 한소끔 끓인 다음 거품을 말끔히 걷는다.

4. 고기가 익고 국물이 뽀얗게 우러나면 배추와 대파를 넣어 끓인다. 배추가 충분히 익어 숨이 죽으면 국간장과 액젓, 다진 마늘, 후춧가루로 맛을 낸다.

반찬 사태장조림

국물 사태육개장

사태장조림
사태육개장

사태는 양지와 비슷한 조리에 많이 사용되는 부위.
양지보다 구수한 맛이 더 진한 편인데
오랫동안 푹 끓이는 조리법에 잘 어울린다.

사태장조림

사태 400g	간장 5큰술
양파 1/2개	설탕 2큰술
마늘 5쪽	맛술 1큰술
청양고추 2개	후춧가루 1작은술
물 3컵	

HOW TO

1. 사태는 달걀만 한 크기로 네모지게 잘라 끓는 물에 넣고 5분 정도 삶은 다음 물을 따라낸다.

2. 삶은 사태는 맑은 물에 한 번 헹군다.

3. 양파는 4등분으로 자르고 마늘은 통으로 준비한다. 청양고추는 반으로 자른다.

4. 냄비에 물과 고기, 양파와 마늘, 고추를 넣고 간장과 설탕, 맛술을 넣어 처음에는 센 불에서 끓이다가 중불로 줄인 후 40분 정도 조린다. 후춧가루를 넣은 후 국물이 자작하게 줄어들면 불에서 내린다. 식혀 결대로 찢는다.

Tip
조릴 때 넣은 양파와 마늘, 고추는 건져 버린다. 장조림을 먹고 남은 국물은 밥에 넣어 비비거나 두부를 찍어 먹어도 맛있다.

사태육개장

사태 · · · · · · 200g	물 · · · · · · 5컵	소금 · · · · · · 조금
대파 · · · · · · 2대	참기름 · · · · · · 1큰술	후춧가루 · · · · · · 조금
양파 · · · · · · 1/2개	고춧가루 · · · · · · 1큰술	국간장 · · · · · · 2큰술
무 · · · · · · 1/8개	다진 마늘 · · · · · · 1/2큰술	액젓 · · · · · · 1큰술
삶은 고사리 · · · · · · 150g	맛술 · · · · · · 1/2큰술	

HOW TO

1. 사태는 덩어리로 준비해 냄비에 담고 물을 부어 끓인다. 찔러보아 핏물이 나오지 않을 때까지 삶는다.

2. 대파와 양파는 3~4cm 길이로 자르고 무는 먹기 좋은 크기로 길쭉하고 네모지게 자른다.

3. 삶은 고사리는 3~4cm 길이로 자른다.

4. 삶은 사태를 건져 먹기 좋은 크기로 잘라 냄비에 담고 대파와 양파, 무, 고사리를 섞어 참기름과 고춧가루, 다진 마늘, 맛술, 소금, 후춧가루를 넣어 양념한다. 여기에 사태 삶은 물을 붓고 30분 정도 센 불에서 끓이다가 국간장과 액젓을 넣어 간을 맞춘다.

> **Tip**
> 육개장은 고기 외에 부재료를 많이 넣어 끓이는 것이라 양을 적게 하려 해도 두 끼 정도는 먹게 된다. 남은 육개장을 바로 먹을 것이 아니라면 냉동실에 넣는다. 대파와 양파 외에 다른 재료는 냉장고 속 재료로 대체해도 된다. 고기와 대파만 넉넉히 넣고 끓여도 맛있다.

국물 차돌박이된장찌개

반찬 차돌박이데리야키볶음

차돌박이데리야키볶음
차돌박이된장찌개

차돌박이는 소의 갈비뼈 아랫 부분의 살로 연골이나 지방이
차돌처럼 박혀 있는 것처럼 보여 차돌박이라는 이름으로 불린다.
익히면 꼬들꼬들하면서 씹는 맛이 좋고
기름기가 전체적으로 돌아 구수한 맛이 난다.

차돌박이 데리야키볶음

차돌박이 · · · · · · · · · · · · 300g	맛술 · · · · · · · · · · · · · · · 1큰술
마늘종 · · · · · · · · · · · · · · 5줄기	생강즙 · · · · · · · · · · · · 1/2작은술
애호박 · · · · · · · · · · · · · · 1/5개	데리야키소스 · · · · · · · · · 3큰술

HOW TO

1. 차돌박이는 대개 얄팍하게 저며서 파는데 그 상태에서 먹기 좋은 크기로 한 번 더 자른다.

2. 마늘종은 3cm 길이로 자르고 애호박은 부채꼴 모양으로 너무 두껍지 않게 썬다.

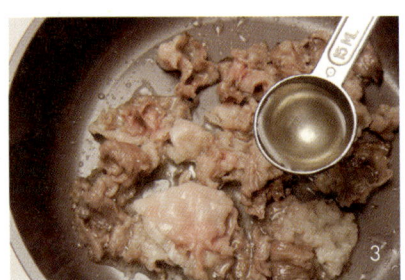

3. 달군 팬에 차돌박이를 넣어 익기 시작하면 맛술과 생강즙을 뿌려 누린내를 없앤다.

4. 마늘종과 애호박을 넣고 고루 섞으면서 볶다가 데리야키소스를 넣어 간을 맞춘다.

Tip

차돌박이는 꼬들꼬들하게 씹히는 맛이 좋긴 하지만 약간 질깃한 편이므로 먹기 좋은 크기로 잘라 조리한다. 기름을 두르지 않고 볶아도 차돌박이에서 기름이 나와 그 기름으로 충분히 맛을 낼 수 있다.

차돌박이 된장찌개

차돌박이⋯⋯⋯⋯⋯ 50g
애호박⋯⋯⋯⋯⋯ 1/8개
양파⋯⋯⋯⋯⋯ 1/8개
표고버섯⋯⋯⋯⋯⋯ 1/2개
청양고추⋯⋯⋯⋯⋯ 1개
멸치 육수(물 2+1/2컵+국물용 멸치 5마리) ⋯⋯⋯ 2+1/2컵
된장⋯⋯⋯⋯⋯ 1큰술

HOW TO

1. 차돌박이는 잘게 자른다.

2. 애호박과 양파, 표고버섯은 먹기 좋은 크기로 네모지게 자르고 청양고추는 송송 썬다.

3. 뚝배기나 냄비에 육수를 붓고 애호박과 양파, 표고버섯을 넣어 한소끔 끓으면 차돌박이를 넣어 끓인다.

4. 된장을 풀고 청양고추를 넣어 5분 정도 더 끓인다.

Tip

된장찌개를 끓일 때 다진 마늘을 넣어도 좋지만 넣지 않는 것이 된장의 맛을 더 진하게 즐길 수 있다. 차돌박이를 넣은 된장찌개는 차돌박이 특유의 구수한 맛이 나 입맛을 돋게 한다. 고춧가루를 조금 뿌려 칼칼한 맛을 더해도 좋다.

국물 안심쌀국수

반찬 안심표고버섯구이

안심표고버섯구이
안심쌀국수

돼지고기 안심은 기름기가 적어 담백하면서
돼지고기 육질의 맛을 충분히 즐길 수 있는 부위다.
취향에 따라 퍽퍽하게도 느낄 수 있고,
깔끔하다고 생각할 수도 있다.
다양한 음식으로 만들 수 있는 전천후 부위 중 하나.

안심표고버섯구이

돼지 안심	200g	참기름	2큰술
표고버섯	4개	으깬 마른 고추	1/2큰술
양파	1/4개	소금	조금
대파	1/2대	후춧가루	조금
식용유	1/2큰술		

HOW TO

1. 안심은 너무 두껍지 않게 썬다.

2. 표고버섯은 기둥을 떼고 도톰하게 썰고, 양파는 채 썰고 대파는 먹기 좋은 크기로 네모지게 자른다.

3. 달군 팬에 식용유를 두르고 안심과 버섯, 양파, 대파를 넣고 소금과 후춧가루를 살살 뿌려가며 앞뒤로 뒤집어가며 충분히 굽는다.

4. 참기름을 그릇에 담고 으깬 마른 고추를 섞어 구운 고기에 곁들인다.

Tip

대부분 쇠고기는 살짝 덜 익혀 먹고 돼지고기는 완전히 익혀서 먹어야 한다고 믿고 있다. 하지만 최근 연구 결과 돼지고기의 사료가 위생적이고 맞춤 건강 사료로 바뀌어 고기에서 대장균이나 기생충이 전혀 발견되지 않는다고 한다. 완전히 익혀 먹되 겉이 지나치게 오그라들 정도로 굽지는 않아도 될 듯하다.

안심쌀국수

돼지 안심	150g	쌀국수 장국	1/2컵
쌀국수(중간 굵기)	2인분	물	3+1/2컵
양파	1/2개	쌀국수용 칠리소스	2큰술
청양고추	2개	해선장	2큰술

HOW TO

1. 안심은 포를 뜨듯 얄팍하게 횡으로 저민다. 양파는 채 썰고 청양고추는 송송 썬다.

2. 쌀국수는 미지근한 물에 담가 20분 정도 둔다.

3. 냄비에 물과 쌀국수 장국을 넣고 한소끔 끓으면 안심과 양파를 넣어 끓인다.

4. 물에 담가 불린 쌀국수에 끓는 물을 부어 10분 정도 있다가 건져 그릇에 담고 안심과 양파를 넣어 끓인 장국을 붓는다. 청양고추를 올리고 칠리소스와 해선장을 곁들인다.

Tip

시판 쌀국수 장국은 집에서 쌀국수를 만들기에 최적의 재료다. 육수를 따로 낼 필요도 없고 물에 장국만 부어 끓이고 쌀국수에 붓기만 하면 된다. 국물을 끓일 때 돼지고기나 쇠고기 등의 고기나 해산물을 넣어 맛의 변화를 줄 수 있다.

돼지 등심

등심한입커틀릿
등심볼고추장스튜

등심은 운동 부위가 적어 육질이 질기지 않고 부드럽다.
표면을 싸고 있는 피하지방을 제거하면 저지방 고단백이라
성장기 아이나 다이어트하는 사람에게 특히 좋다.
돈가스나 스테이크, 양념 구이 등으로 많이 조리된다.

국물 등심볼고추장스튜

반찬 등심한입커틀릿

등심한입커틀릿

- 돼지 등심 · · · · · · · · · · · · · · · 200g
- 양파 · · · · · · · · · · · · · · · · · · · 1/4개
- 밀가루 · · · · · · · · · · · · · · · · · 3큰술
- 달걀 · · · · · · · · · · · · · · · · · · · 1개
- 빵가루 · · · · · · · · · · · · · · · · · 1/2컵
- 식용유 · · · · · · · · · · · · · · · · · 1컵
- 소금 · · · · · · · · · · · · · · · · · · · 조금
- 후춧가루 · · · · · · · · · · · · · · · 조금
- 돈가스소스 · · · · · · · · · · · · · 2큰술
- 마요네즈 · · · · · · · · · · · · · · · 2작은술
- 와사비 · · · · · · · · · · · · · · · · · 1작은술

> **Tip**
> 한 입 크기로 만들면 먹을 때 편하고 고기를 익힐 때 익은 정도를 가늠하기도 좋다. 카레라이스 위에 올려 먹어도 되고 샌드위치 소로 넣어 먹어도 된다.

HOW TO

1 등심은 한 입에 먹기 좋은 크기로 도톰하게 저민다. 일반 돈가스의 1/4 크기면 적당.

2 양파를 강판에 갈아 손질한 등심에 끼얹고 소금과 후춧가루를 조금씩 뿌려 간을 한다.

3 밀가루와 달걀, 빵가루 순으로 옷을 입혀 빵가루가 고루 묻어 있게 손바닥으로 가볍게 누른다.

4 달군 식용유에 돈가스를 넣어 타지 않게 앞뒤로 뒤집어가며 튀긴다. 돈가스소스에 마요네즈와 와사비를 더한 소스를 곁들인다.

등심볼 고추장스튜

- 돼지 등심 · · · · · · · · · · · · · · · 250g
- 양파 · · · · · · · · · · · · · · · · · · · 1/4개
- 고추장 · · · · · · · · · · · · · · · · · 1+1/2큰술
- 멸치 육수(물 2컵+국물용 멸치 4~5마리) · · · · · · · · · · · · · · · · · · · 2컵
- 식용유 · · · · · · · · · · · · · · · · · 1큰술
- 맛술 · · · · · · · · · · · · · · · · · · · 1큰술
- 설탕 · · · · · · · · · · · · · · · · · · · 1/2큰술
- 소금 · · · · · · · · · · · · · · · · · · · 조금
- 후춧가루 · · · · · · · · · · · · · · · 조금
- 물엿 · · · · · · · · · · · · · · · · · · · 1작은술
- 통깨 · · · · · · · · · · · · · · · · · · · 1작은술

> **Tip**
> 고추장의 양을 줄이고 토마토케첩이나 토마토 퓌레를 더해 맛의 변화를 줘도 좋다. 모차렐라치즈를 얹어 전자레인지나 오븐에 구워도 맛있다.

HOW TO

1 등심은 굵직하게 다지고 양파는 굵직하게 다지듯 네모지게 자른다.

2 달군 팬에 식용유를 1/2큰술 정도 덜어 두르고 다진 양파를 넣어 노르스름해지도록 볶는다.

3 다진 등심에 볶은 양파를 넣어 고루 섞은 후 맛술과 설탕, 소금, 후춧가루를 넣고 버무려 동그랗고 납작하게 모양을 만들어 기름 두른 팬에 넣어 앞뒤로 뒤집어가며 굽는다.

4 팬에 육수를 붓고 고추장을 풀어 한소끔 끓인 후 3의 등심 볼과 물엿, 통깨를 넣고 국물이 자작하게 되도록 끓인다.

국물 목살고추장찌개

반찬 목살수육

목살수육
목살고추장찌개

돼지고기 목살은 목에서 등 쪽에 이르는 부위로
지방과 살코기의 비율이 가장 이상적이라고 한다.
그래서 돼지고기의 맛을 가장 잘 느낄 수 있는 부위로 꼽힌다.
수육이나 보쌈 등에 많이 이용되는 이 부위는
덩어리째 바비큐로 구워도 맛있다.

목살수육

목살 ········· 400g	대파 ········· 1/2대	설탕 ········· 1큰술
무 ········· 1/6개	생강 ········· 1/4개	통깨 ········· 1작은술
된장 ········· 2큰술	통후추 ········· 5~6알	소금 ········· 조금
양파 ········· 1/4개	고춧가루 ········· 1/2큰술	새우젓 ········· 1큰술
마늘 ········· 5쪽	식초 ········· 1큰술	참기름 ········· 1작은술

HOW TO

1. 고기의 맛을 좋게 할 재료로 된장, 생강, 마늘, 대파, 고추, 통후추, 양파를 준비한다.

2. 목살은 덩어리로 준비해 냄비에 담고 자작하게 잠기도록 물을 붓고 1에서 준비한 재료를 넣어 40분 정도 끓인다. 수육이 다 삶아지면 한 김 식힌 후 먹기 좋은 크기로 얇게 썬다.

3. 무는 껍질째 씻어 굵직하게 채 썰고 고춧가루와 식초, 설탕, 통깨, 소금을 넣어 겉절이처럼 버무린다.

4. 새우젓을 곱게 다져 참기름을 섞어 맛을 낸 후 수육에 곁들인다.

Tip

수육을 만들 때 된장을 풀면 돼지고기의 누린 맛은 없어지고 육질은 부드러워진다. 다른 재료 없이 된장만 넣어도 되지만 사과나 양파, 월계수잎, 통 후추는 물론 오가피나 감초 등의 한약재를 넣어 삶아도 좋다. 무생채 대신 배추나 부추 등을 겉절이처럼 버무려 곁들여도 좋다. 수육은 식으면 뻣뻣하고 퍽퍽해질 수 있으므로 따뜻할 때 즐긴다.

목살고추장찌개

목살 · · · · · · · · 150g	멸치 육수(물 4컵+국물용 멸치 8마리) · · · · · · · · 4컵	맛술 · · · · · · · · 1큰술
감자 · · · · · · · · 1개	고추장 · · · · · · · · 2큰술	국간장 · · · · · · · · 1큰술
대파 · · · · · · · · 1/2대	참기름 · · · · · · · · 2작은술	액젓 · · · · · · · · 1작은술
양파 · · · · · · · · 1/4개	다진 마늘 · · · · · · · · 1/2큰술	소금 · · · · · · · · 조금
청양고추 · · · · · · · · 2개		후춧가루 · · · · · · · · 조금

HOW TO

1. 목살은 한 입에 먹기 좋은 크기로 네모지게 자른다.

2. 감자는 큼직하게 네모지게 자르고, 대파는 2~3cm 길이로 자르고, 양파는 굵직하게 채 썬다. 고추는 송송 썬다.

3. 냄비에 목심과 감자, 대파, 양파를 담고 고추장과 참기름, 다진 마늘, 맛술을 넣어 고루 버무린다.

4. 멸치 육수를 붓고 센 불에 올려 15분 정도 끓이다가 중불로 불을 줄인 후 청양고추를 넣고 국간장과 액젓, 소금, 후춧가루로 간을 맞춘 다음 10분 정도 더 끓인다.

> *Tip*
> 돼지고기의 구수한 감칠맛과 감자의 녹말, 대파와 양파의 단맛이 어우러져 국물 맛이 좋다. 국물에 국수를 말아 먹어도 좋고 끓일 때 불린 당면을 조금 넣어도 맛있다. 콩나물을 넣으면 시원한 맛을 더할 수 있다.

국물 돼지다리살콩나물얼큰찌개

반찬 돼지다리살생강구이

돼지다리살생강구이
돼지다리살콩나물얼큰찌개

다리살은 족발을 제외한 그 윗부분으로 앞다리살과 뒷다리살로 나뉘는데
앞다리살에는 앞다리살, 앞사태살, 항정살 등이 속한다.
뒷다리살은 볼기살, 설깃살, 도가니살, 홍두깨살, 보섭살, 뒷사태살 등으로 세분할 수 있다.
근육과 지방이 고루 섞여 씹는 맛이 좋은 다리살은
밑 양념을 잘해 육질을 부드럽게 하면 다양하게 조리할 수 있다.

돼지다리살 생강구이

- 돼지 다리살 · · · · · · · · · · · · · · · · 250g
- 가지 · 1/3개
- 생강(중) · 1개
- 된장 · 1작은술
- 맛술 · 2큰술
- 설탕 · 1작은술
- 소금 · 조금
- 후춧가루 · · · · · · · · · · · · · · · · · · · 조금
- 식용유 · 1큰술

Tip
돼지고기는 찬 성질의 식품인데 여기에 따뜻한 성질의 생강을 더해 서로 보완되는 조리법이다. 된장을 약간 넣어 간을 맞추면서 된장의 향을 더하면 밥과 잘 어울리는 반찬이 된다.

HOW TO

돼지 다리살은 포를 뜨듯 저미고 가지는 너무 두껍지 않게 동그란 모양을 살려 썬다.

생강은 껍질을 벗기고 씻어 강판에 곱게 갈아 즙만 받는다.

돼지 다리살에 된장과 **2**의 생강즙, 맛술, 설탕, 소금, 후춧가루를 넣어 양념한다.

달군 팬에 식용유를 두르고 다리살과 가지를 넣어 앞뒤로 뒤집어가며 굽는다.

돼지다리살 콩나물얼큰찌개

- 돼지 다리살 · · · · · · · · · · · · · · · · 150g
- 콩나물 · 80g
- 배춧잎 · 3장
- 대파 · 1/3대
- 으깬 마른 고추 · · · · · · · · · · · · · 1큰술
- 멸치 육수(물 3컵+국물용 멸치 6~7마리) · 3컵
- 참기름 · · · · · · · · · · · · · · · · · · · 1/2큰술
- 고춧가루 · · · · · · · · · · · · · · · 1+1/2큰술
- 국간장 · 1큰술
- 액젓 · 1/2큰술
- 다진 마늘 · · · · · · · · · · · · · · · · 1작은술
- 후춧가루 · · · · · · · · · · · · · · · · · · · 조금

Tip
국을 끓일 때 참기름이나 들기름으로 고기를 애벌로 볶아야 육수나 물을 붓고 끓이면 국물 맛이 훨씬 진해진다.

HOW TO

돼지 다리살은 먹기 좋은 크기로 자른다.

콩나물은 씻어 물기를 뺀다. 배춧잎은 1cm 폭으로 자르고 대파는 어슷하게 자른다. 으깬 마른 홍고추를 준비한다.

냄비에 다리살과 참기름, 고춧가루를 넣고 양념이 배도록 볶다가 육수를 붓고 끓인다.

콩나물과 배추, 대파, 고추를 넣은 후 뚜껑을 덮어 한소끔 더 끓인 후 국간장과 액젓, 다진 마늘, 후춧가루로 간을 맞춘다.

돼지 삼겹살
중국식통삼겹살찜
삼겹살 배추찌개

삼겹살은 가장 대표적인 돼지고기 부위.
삼겹살구이가 인기 있는 것은 기름 층이 살과 살 사이에 고루 분포해 있어
구우면 기름이 빠지면서 더욱 고소한 맛이 나기 때문이다.
삼겹살로 번듯한 일품 요리와 찌개를 만들어본다.

반찬   중국식통삼겹살찜

국물   삼겹살배추찌개

중국식 통삼겹살찜

- 통삼겹살·············400g
- 대파·················1대
- 생강·················1/3개
- 마늘·················4쪽
- 팔각·················2개
- 정향·················5개
- 통후추···············5알
- 물···················2컵
- 간장·················2+1/2큰술
- 맛술·················1큰술
- 설탕·················1큰술

Tip
팔각과 정향은 향이 진한 향신료 중 하나로 조금만 넣어도 독특한 향이 돌아 고기의 맛을 상승시킨다. 특히 고기 요리에 넣으면 특유의 누린내를 가실 수 있다. 생선찜을 만들 때도 밑양념으로 이들 재료를 넣으면 생선의 비린내를 잡고 색다른 생선 요리를 즐길 수 있다.

HOW TO

통삼겹살은 흐르는 물에 한 번 씻어 군데군데 칼집을 넣은 뒤 달군 팬에 올려 앞뒤로 뒤집어가며 겉이 노르스름해지도록 센 불에서 굽는다.

대파는 4cm 길이로 자르고 생강과 마늘은 도톰하게 저민다. 팔각과 정향, 통후추를 준비한다.

냄비에 물, 간장, 맛술, 설탕을 넣어 팔팔 끓인다. 여기에 대파와 생강, 마늘, 팔각, 정향, 통후추를 넣어 한소끔 더 끓인다.

끓인 향신료 국물에 구운 삼겹살을 넣고 뚜껑을 덮어 중불에서 푹 무르도록 끓인다. 국물이 충분히 졸아들 때까지 조린 후 삼겹살만 건져 도톰하게 썰어 접시에 담고 냄비에 남아 있는 국물을 고기 위에 끼얹는다.

삼겹살배추찌개

- 삼겹살···············100g
- 배추잎···············4장
- 대파·················1/2대
- 물···················3컵
- 새우젓···············2큰술
- 맛술·················1큰술
- 후춧가루·············조금

Tip
삼겹살을 잘게 잘라 구우면 기름기가 빠지면서 바삭하게 되어 베이컨과 비슷한 맛을 얻을 수 있다. 배추를 넣어 깔끔하면서 시원한 맛이 나는데 새우젓으로 간해 감칠맛도 좋다.

HOW TO

삼겹살을 손가락 굵기로 3cm 길이로 잘라 달군 팬에 노르스름하게 구워 기름기를 뺀다.

배추잎은 결 반대로 송송 자른다. 대파는 3cm 길이로 자른다.

냄비에 물과 구운 삼겹살, 배추를 넣어 팔팔 끓인다.

새우젓과 맛술, 후춧가루로 간을 맞추고 대파를 넣어 나른해지도록 끓인다.

국물 항정살두부찌개

돼지 항정살

항정살김치볶음
항정살두부찌개

항정살은 돼지의 목에서 어깨까지 이어져 있는 부위로 기름기가 고루 퍼져 있어 구이용으로 주로 쓰인다. 씹는 맛이 좋고 다른 부위에 비해 누린내가 덜한 편. 찌개를 끓여도 국물 맛이 깔끔하다.

반찬 항정살김치볶음

항정살김치볶음

항정살 · · · · · · · · · · · · · · 100g	물 · · · · · · · · · · · · · · · · · · 1컵	맛술 · · · · · · · · · · · · · · 1작은술
송송 썬 배추김치 · · · · · · · · 2컵	식용유 · · · · · · · · · · · · · · 1큰술	후춧가루 · · · · · · · · · · · · 조금
대파 · · · · · · · · · · · · · · · · 1/4대	다진 마늘 · · · · · · · · · 1작은술	참기름 · · · · · · · · · · · · 1작은술
양파 · · · · · · · · · · · · · · · · 1/4개	생강즙 · · · · · · · · · · · · 1작은술	통깨 · · · · · · · · · · · · 1/2작은술
마른 새우 · · · · · · · · · · · 8마리	설탕 · · · · · · · · · · · · · · 1작은술	

HOW TO

1. 항정살은 먹기 좋은 크기로 자른다.

2. 대파는 어슷하게 썰고 양파는 굵직하게 채 썬다.

3. 냄비에 물을 담고 마른 새우를 넣어 한소끔 끓인 후 마른 새우는 건진다.

4. 달군 냄비에 식용유를 두르고 김치와 양파를 넣어 가볍게 볶다가 항정살과 다진 마늘, 생강즙, 설탕, 맛술, 후춧가루를 넣어 고루 섞으면서 중불에서 볶은 뒤 새우 육수를 붓고 약한 불에서 바특해지게 볶는다. 마지막으로 대파와 참기름, 통깨를 넣는다.

Tip
김치볶음을 만들 때 신 김치를 넣어야 맛이 좋은데 너무 신맛이 강하면 설탕과 맛술을 더하면 신맛을 누그러뜨릴 수 있다. 새우나 멸치를 넣고 끓인 육수를 약간 붓고 조리듯 볶아야 고기가 타지 않고 충분히 익는다.

항정살두부찌개

항정살 · · · · · · · · · · 150g	청양고추 · · · · · · · · · · 2개	액젓 · · · · · · · · · · 1/2큰술
두부 · · · · · · · · · · 1/4모	멸치 육수(물 3컵+국물용 멸치 7마리) · · · · · · · · · · 3컵	맛술 · · · · · · · · · · 1큰술
애호박 · · · · · · · · · · 1/5개		다진 마늘 · · · · · · · · · · 1작은술
대파 · · · · · · · · · · 1/4대	국간장 · · · · · · · · · · 1큰술	후춧가루 · · · · · · · · · · 조금

HOW TO

1. 항정살은 손가락 굵기로 굵직하게 채 썬다.

2. 두부는 항정살과 비슷한 크기로 자르고 애호박과 대파도 비슷한 크기로 자른다. 청양고추는 송송 썬다.

3. 냄비에 항정살과 두부, 애호박, 대파를 돌려가며 담고 육수를 부어 끓인다.

4. 항정살이 익으면 국간장과 액젓, 맛술, 다진 마늘, 후춧가루로 간을 맞추고 청양고추를 넣어 매운 맛을 더한다.

> *Tip*
> 돼지고기를 넣어 맑은 국을 끓이려면 조금 매콤하게 하는 것이 좋다. 청양고추를 잘게 다져서 끓는 찌개에 마지막에 넣으면 매운맛이 퍼진다.

반찬 등갈비구이

국물 등갈비들깨된장탕

돼지 갈비

등갈비구이
등갈비들깨된장탕

돼지 갈비는 육질이 쫄깃하고 구수해 찜으로 만들어도 좋고 구이로도 좋다.
탕에 넣어 끓이면 육질이 부드러워져 먹기에 좋다.
특히 등갈비는 양념 구이나 찜이 어울리는데,
갈비의 뼈와 살을 자른 모양에 따라 조리법에 변화를 줄 수 있다.

등갈비 구이

등갈비	600g
바비큐소스	3큰술
스테이크소스	1큰술
맛술	2큰술
설탕	1큰술
머스터드소스	1/2큰술

> **Tip**
> 조리하기 전에 고기의 기름기를 어느 정도 정리한 후 끓는 물에 삶아내거나 달군 팬에 넣어 표면을 익히면서 기름기를 먼저 빼면 더욱 깔끔하게 즐길 수 있다.

HOW TO

등갈비는 흐르는 물에 씻어 살집이 두꺼운 곳에 군데군데 칼집을 넣는다.

바비큐소스와 스테이크소스, 맛술, 설탕, 머스터드소스를 고루 섞어 양념을 만든다.

등갈비에 양념을 넣고 고루 버무려 양념이 배도록 30분 정도 잰다.

달군 팬에 양념에 잰 등갈비를 넣어 처음에는 센 불에서 10분 정도 굽다가 중불로 20분 정도 더 굽는다. 오븐에 구워도 좋은데 210도의 온도에 30분 정도 굽는다.

등갈비 들깨된장탕

등갈비	300g
들깻가루	1/4컵
표고버섯	2장
대파	1/2대
멸치 육수(물 4컵+국물용 멸치 8마리)	4컵
된장	1+1/2큰술
맛술	2큰술
다진 마늘	1작은술
국간장	1큰술
액젓	1큰술

> **Tip**
> 들깻가루와 된장은 맛이 잘 어울린다. 된장의 구수한 맛과 들깻가루의 고소한 맛이 더해지면 돼지고기의 누린내를 잡는 것은 물론 갈비의 맛까지 상승시킨다.

HOW TO

등갈비는 흐르는 물에 씻어 달군 팬에 맛술을 뿌려가며 애벌로 굽는다.

표고버섯은 먹기 좋게 자르고 대파는 어슷하게 썬다. 들깻가루도 준비한다.

냄비에 멸치 육수를 담고 된장을 푼 후 갈비와 버섯, 대파를 넣어 갈비가 익도록 충분히 끓인다.

들깻가루를 넣어 한소끔 더 끓이다가 맛술, 다진 마늘, 국간장, 액젓을 넣어 간을 맞춘다.

MEAT&EGG

닭봉간장조림
닭봉토마토스튜

닭 봉과 닭 날개는 살이 별로 없지만 구수하면서 연한 부위로
튀김을 하거나 조리면 먹기에도 좋다.
날개 끝 뾰족한 부분은 칼로 잘라낸 후 조리한다.

반찬 닭봉간장조림

국물 닭봉토마토스튜

닭봉간장조림

- 닭 봉 ······················· 8개
- 양송이버섯 ················· 3개
- 물 ······················· 1/2컵
- 식용유 ···················· 1큰술
- 간장 ······················ 2큰술
- 참기름 ··················· 1/2큰술
- 설탕 ····················· 1/2큰술
- 물엿 ····················· 1작은술
- 다진 마늘 ················· 1작은술
- 후춧가루 ····················· 조금

Tip
고기를 조릴 때는 물이나 육수를 조금이라도 넣어야 물이 졸아들면서 육질에 간이 잘 배고 쉽게 타지 않는다. 물엿이나 꿀을 넣어 조리면 윤기가 돌면서 맛있다.

HOW TO

1. 닭 봉 끝의 뾰족한 부분을 조리용 가위로 잘라낸 후 흐르는 물에 씻어 물기를 뺀다.

2. 양송이버섯은 껍질을 벗기고 도톰하게 네모지게 자른다.

3. 속이 깊은 팬에 식용유와 간장, 참기름, 설탕, 물엿, 다진 마늘을 넣고 가볍게 끓인다.

4. 닭 봉과 버섯을 넣은 후 물을 붓고 양념이 배어들고 국물이 바특하게 졸 때까지 중불로 조린다. 마지막에 후춧가루를 뿌린다.

닭봉토마토스튜

- 닭 봉 ······················· 6개
- 토마토 퓌레 ················ 1/2컵
- 양파 ······················ 1/4개
- 당근 ······················ 1/5개
- 통마늘 ····················· 4쪽
- 물 ························· 3컵
- 버터 ······················ 1큰술
- 다진 마늘 ················· 1작은술
- 소금 ························· 조금
- 후춧가루 ····················· 조금

Tip
토마토 퓌레는 토마토의 껍질을 벗기고 삶아서 으깬 후 소금과 몇 가지 재료를 더해 만든 소스다. 토마토 페이스트와 토마토케첩보다는 묽은 편. 토마토스파게티나 스튜, 그라탱, 피자의 소스로 많이 사용된다. 마른 허브가루나 월계수 잎 등을 넣어 끓이면 향이 더해져 더욱 맛있다.

HOW TO

1. 닭 봉은 씻어 물기를 빼고 끝의 뾰족한 부위를 잘라낸다.

2. 양파와 당근은 손톱만 한 크기로 네모지게 자르고 마늘은 도톰하게 썬다.

3. 버터 두른 냄비에 닭 봉을 넣어 앞뒤로 뒤집어가며 노르스름하게 구운 후 손질한 당근과 양파, 마늘을 넣고 살캉거릴 정도로 볶아 버터 향이 고루 돌게 한다.

4. 3의 닭 봉에 물과 토마토 퓌레를 넣고 20분 정도 끓이다가 다진 마늘과 소금, 후춧가루로 간을 맞춘 후 10분 정도 약한 불에서 은근히 더 끓인다.

국물 닭가슴살크림수프

반찬 닭가슴살두반장볶음

닭 가슴살은 지방이 제로에 가까워 다이어트 식품으로 각광받고 있다.
살이 도톰하고 뼈가 없는 부위라 어떤 조리법과도 잘 어울린다.
다른 부위와 달리 기름기가 없어 다소 퍽퍽하게 느껴질 수도 있지만
그만큼 담백한 맛을 즐길 수 있는 부위이기도 하다.

닭가슴살 두반장볶음

닭 가슴살	2쪽	두반장	1큰술
양배추	1/8통	설탕	1/2큰술
대파	1/4대	다진 마늘	1작은술
식용유	1큰술	후춧가루	조금

HOW TO

1. 닭 가슴살은 흐르는 물에 씻어 한 입에 먹기 좋은 크기로 자른다.

2. 양배추는 한 입 크기로 네모지게 자르고 대파는 어슷하게 썬다.

3. 달군 팬에 식용유를 두르고 가슴살과 양배추를 넣어 살짝 볶다가 두반장과 설탕, 다진 마늘, 후춧가루를 넣어 간이 배도록 중불에서 볶는다.

4. 닭고기가 충분히 익으면 대파를 넣어 고루 섞으면서 재빨리 볶는다.

Tip
두반장은 짭짤하면서 톡 쏘는 특유의 맛이 있어 조금씩 넣어 맛을 내야 한다. 고기는 물론 생선, 두부, 채소 등과 두루 잘 어울린다. 매콤한 맛의 스파게티소스로 만들어도 특유의 맛이 돌아 맛있다.

닭가슴살 크림수프

닭 가슴살 ············ 1쪽	생크림 ············ 1/4컵
양송이버섯 ·········· 3개	버터 ············· 1큰술
양파 ············· 1/4개	소금 ············· 조금
우유 ············· 1컵	후춧가루 ·········· 조금

HOW TO

1. 닭 가슴살은 흐르는 물에 씻어 어슷하고 길쭉하게 채 썬다.

2. 양송이버섯은 껍질을 벗기고 도톰하게 썰고 양파는 굵직하게 채 썬 뒤 달군 팬에 버터를 넣고 가슴살과 함께 볶는다.

3. 우유를 붓고 중불에서 한소끔 끓인다.

4. 마지막으로 생크림을 넣어 약한 불에서 버섯과 양파가 충분히 부드러워지도록 끓인다. 소금과 후춧가루로 간을 맞춘다.

> **Tip**
> 버터에 밀가루를 넣고 볶다가 우유를 부어 끓여서 만들어도 된다. 이렇게 하면 수프의 국물이 걸쭉해진다. 밀가루를 넣지 않고 우유와 생크림만으로 맛을 내면 걸쭉하지는 않지만 고소한 맛이 진하다. 센 불에서 끓이면 윗부분에 우유의 막이 생길 수 있으므로 중불에서 저어가며 끓인다.

반찬 안심파프리카잡채

국물 안심카레

안심파프리카잡채
안심카레

닭 안심은 육질이 부드러워 간이 잘 배고 담백해서
냉채나 샐러드, 꼬치 등에 잘 어울린다.
채소를 듬뿍 넣은 볶음 요리에도 좋고 튀김을 만들 때도 좋다.

안심 파프리카잡채

닭 안심	6쪽
주황·초록 파프리카	1/4개씩
당근	1/4개
양파	1/4개
간장	2큰술
참기름	1큰술
다진 마늘	1작은술
설탕	1작은술
맛술	1작은술
식용유	2큰술
소금	조금
후춧가루	조금
통깨	1작은술

Tip 안심은 살이 연하고 부드러워 간이 잘 배고 다른 재료와 맛이 잘 어우러진다.

HOW TO

닭 안심은 씻어 4cm 길이로 굵직하게 채 썬다.

채 썬 안심을 그릇에 담고 간장과 참기름, 다진 마늘, 설탕, 맛술, 소금, 후춧가루를 넣어 조물조물 무쳐 양념한다.

파프리카, 당근, 양파도 안심과 비슷한 길이로 채 썬다.

달군 팬에 식용유를 두르고 안심과 파프리카, 당근, 양파를 넣어 볶는다. 안심에 양념이 다 되어 있으므로 따로 간을 하지 않아도 된다. 통깨를 뿌려 고소한 맛을 더한다.

안심카레

닭 안심	4쪽
가지	1개
양파	1/4개
물	3+1/2컵
식용유	1큰술
그린 카레 페이스트	2+1/2큰술
설탕	1큰술
우유	1/3컵

Tip 태국 카레 페이스트는 카레 향신료 가루에 물과 다른 향신료를 섞어 페이스트 형태로 만든 카레소스. 고기와 채소를 볶다가 육수나 물을 붓고 끓이는 방법은 비슷하지만 맛과 향은 한국의 가루 카레와 일본의 고형 카레와는 조금 다르다. 코코넛 밀크를 넣어 짠맛을 누그러뜨리고 부드러운 맛을 내는 것이 원래의 조리법이지만 우유와 설탕을 넣어 고소한 맛과 부드러운 맛을 더해도 맛있다.

HOW TO

닭 안심은 씻어 물기를 빼고 3cm 길이로 자른다.

가지는 어슷하게 썰고 양파는 한 입 크기로 네모지게 자른다.

냄비에 식용유를 두르고 안심과 가지, 양파를 넣고 기름이 배도록 살짝 볶는다.

카레 페이스트를 넣고 고루 섞은 후 물을 붓고 끓이다가 설탕을 넣어 짠맛을 누그러뜨리고 우유를 부어 부드러운 맛을 더한다. 중불에서 20분 정도 더 끓인다.

국물 닭다리마늘삼계탕

반찬 닭다리스테이크

닭다리스테이크
닭다리마늘삼계탕

닭 다리살은 살이 도톰하고 육질이 쫄깃해
닭고기의 맛을 제대로 느낄 수 있는 부위.
다리살을 통으로 굽거나 튀길 때는
군데군데 칼집을 넣어 속까지 잘 익도록 손질한다.

닭다리 스테이크

닭 다리 ·············· 2개	설탕················ 1큰술
노랑 파프리카 ······ 1/4개	맛술·············· 2작은술
양송이버섯············ 2개	소금················ 조금
식용유·············· 1큰술	후춧가루············ 조금
데리야키 소스 ······ 5큰술	

HOW TO

1. 닭 다리는 칼집을 넣어 뼈를 중심으로 살을 펼친 다음 소금과 후춧가루로 밑간한다.

2. 파프리카와 양송이버섯은 한 입에 먹기 좋은 크기로 네모지게 자른다.

3. 달군 팬에 식용유와 데리야키소스 1큰술을 덜어 두르고 다리를 넣어 앞뒤로 뒤집어가며 센 불에서 굽는다.

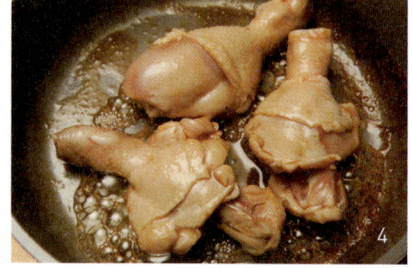

4. 남은 데리야키소스를 모두 붓고 설탕과 맛술을 넣어 중불 이하로 불을 낮추고 속까지 충분히 익도록 굽는다. 마지막에 파프리카와 양송이를 넣어 살짝 익힌다.

Tip
닭 다리살을 펼쳐 구우면 양념이 속까지 고루 배고 익는 시간도 짧아진다. 시판 데리야키소스에 설탕과 맛술을 추가로 넣으면 윤기가 돌고 단맛이 더해져 더욱 맛있다.

닭다리 마늘삼계탕

닭 다리 ············ 2개	물 ············ 5컵
마늘 ············ 10쪽	찹쌀 ············ 1/3컵
홍삼 절편 ······ 2~3조각	소금 ············ 조금
대파 ············ 1/2대	후춧가루 ········ 조금

HOW TO

1 닭 다리는 씻어 살을 벌리고 칼끝으로 군데군데 찌른다.

2 마늘은 꼭지만 잘라낸다. 홍삼 절편은 그대로 준비하고 대파는 2cm 길이로 자른다.

3 찹쌀은 씻어 자작하게 잠길 정도로 물을 부어둔다.

4 냄비에 닭 다리와 물을 넣고 15분 정도 센 불에서 팔팔 끓이다가 대파와 마늘, 홍삼 절편을 넣어 다리살이 충분히 익도록 10분 정도 더 끓인다. 익은 다리는 건지고 여기에 불린 찹쌀을 넣어 고루 저어가며 죽을 끓인다. 소금과 후춧가루로 간을 맞춘다. 그릇에 담을 때 건저두었던 닭 다리살을 찢어 얹는다.

Tip
이렇게 찹쌀을 준비해 미리 씻어놓았다가 닭 다리를 넣고 끓인 국물에 넣으면 깔끔하면서 구수한 죽까지 즐길 수 있는 든든한 일품요리가 된다. 인삼 대신 홍삼 절편을 넣으면 국물에 은은하고 진한 향이 돌아 별미다.

MEAT & EGG

닭 한 마리
닭양념찜
닭개장

닭 한 마리를 손질해 먹기 좋은 크기로 잘라놓은 닭 한 마리 팩은
찜이나 볶음 등의 요리를 하기에 좋다.
닭고기는 쇠고기에 비해 쉬 신선도가 떨어지므로
한꺼번에 한 팩을 다 쓰지 못할 것 같으면 미리 덜어서 흐르는 물에 씻어 냉동 보관한다.

국물 닭개장

반찬 닭양념찜

닭양념찜

손질한 닭 모둠	1/2팩
감자	1/2개
당근	1/5개
양파	1/4개
대파	1/4대
물	2/3컵
간장	2큰술
참기름	1/2큰술
다진 마늘	1/2큰술
설탕	2작은술
맛술	2작은술
후춧가루	조금

HOW TO

1. 닭은 흐르는 물에 씻어 물기를 뺀다. 껍질을 좋아하지 않으면 말끔히 벗기고 살집이 도톰한 조각은 군데군데 칼집을 넣는다.

2. 감자와 당근은 큼직하게 네모지게 자르고 양파는 네모지게 자른다. 대파는 송송 썬다.

3. 그릇에 간장과 참기름, 다진 마늘, 설탕, 맛술, 후춧가루를 넣어 고루 섞는다.

4. 냄비나 속이 깊은 팬에 닭과 감자, 당근, 양파, 대파를 담고 3의 양념을 끼얹어 물을 부은 뒤 뚜껑을 덮어 푹 무르도록 20분 정도 끓인 다음 불을 약하게 줄여 10분 정도 찐다. 간이 고루 배도록 중간에 한번씩 저어준다.

Tip 볶음이나 찜 등을 조리할 때는 속이 오목하거나 깊은 팬을 사용하면 열을 고루 받고 휘저을 때도 팬 밖으로 흐르거나 튀지 않아 편리하다.

닭개장

손질한 닭 모둠	1/2팩
양파	1/2개
대파	2대
팽이버섯	1/4봉지
물	5컵
고춧가루	2큰술
참기름	1큰술
다진 마늘	1큰술
맛술	1큰술
설탕	2작은술
소금	조금
후춧가루	조금
국간장	2큰술
액젓	2작은술

HOW TO

1. 닭은 흐르는 물에 씻어 물기를 빼고 살집이 많은 것은 군데군데 칼집을 넣는다.

2. 양파는 채 썰고 대파는 3cm 길이로 자른다. 팽이버섯은 밑동을 제거하고 반으로 자른다.

3. 냄비에 닭을 담고 고춧가루와 참기름, 다진 마늘, 맛술, 설탕, 소금, 후춧가루를 넣어 조물조물 무쳐 양념해 불에 올린다.

4. 물을 붓고 한소끔 끓으면 양파와 대파, 팽이버섯을 넣어 30분 정도 끓이다가 국간장과 액젓으로 간한다.

Tip 얼큰하게 끓이는 육개장 스타일의 국. 고춧가루와 대파를 넉넉히 넣고 끓여서 칼칼하면서 부드러운 맛이 난다.

반찬 달걀김치말이

국물 달걀새우젓탕

달걀김치말이
달걀새우젓탕

냉장고에 달걀만 있어도 만들 수 있는 음식이 많아 든든할 때가 있다.
게다가 영양적으로 우수하고 밥반찬으로도 좋아
달걀 음식 조리법은 다양하게 익혀두는 것이 좋다.

달걀김치말이

달걀	3개
송송 썬 김치	1/2컵
참기름	1/2큰술
설탕	1작은술
맛술	1작은술
소금	조금
식용유	1큰술

Tip
달걀로만 만들어도 맛있지만 볶은 김치를 넣으면 밥반찬으로 더욱 좋다. 달걀말이를 할 때 달걀물에 쯔유나 데리야키소스를 조금 넣으면 감칠맛을 더 낼 수 있다. 달걀물을 팬에 한꺼번에 붓지 말고 세 번 정도 나누어 부으면서 말기를 반복하면 달걀말이가 한결 부드럽게 만들어진다. 이때 불의 세기는 중불이 적당하고 식용유는 너무 많지도 적지도 않게 해야 찢어지거나 타지 않는다.

HOW TO

1. 달걀은 멍울이 없도록 곱게 풀어 맛술과 소금으로 간을 한다.

2. 배추김치는 참기름 두른 팬에 설탕을 넣어 물기 없이 달달 볶는다.

3. 달군 팬에 식용유를 두르고 불을 중불로 줄인 후 달걀 푼 물을 반 정도 붓고 익기 시작하면 젓가락으로 휘저어 멍울이 지게 하면서 팬 한쪽으로 민다. 이렇게 하면 달걀말이가 더 부드러워진다.

4. 팬에 남은 달걀물을 마저 붓고 익기 시작하면 그 위에 김치를 얹고 돌돌 만다. 달걀말이를 김발로 감싸 잠시 두었다가 자른다.

달걀새우젓탕

달걀	2개
새우젓	1큰술
실파	1뿌리
멸치 육수(물 2컵+국물용 멸치 4마리)	2컵
맛술	1/2큰술
소금	조금

Tip
육수를 끓이다가 달걀 푼 물을 붓고 탕을 끓이면 달걀의 부드러운 맛을 즐길 수 있다. 국물을 넉넉히 잡으면 탕으로 즐길 수 있고 국물을 바특하게 잡으면 찜이 된다. 다진 새우젓을 미리 육수에 넣어 끓이면 새우젓이 고루 퍼져 한 군데 몰리지 않아 간이 고루 돌아 맛있다.

HOW TO

1. 달걀은 멍울이 없도록 곱게 풀어 맛술과 소금으로 간한다.

2. 새우젓은 곱게 다지고 실파는 송송 썬다.

3. 뚝배기에 육수를 붓고 팔팔 끓이다가 새우젓을 먼저 넣어 간한다.

4. 육수가 끓으면 달걀 푼 물을 부어 몽글하게 익도록 가만히 두었다가 숟가락으로 휘저어 바닥이 눋지 않도록 한다. 마지막에 실파를 얹는다.

반찬 메추리알고추장볶음

국물 메추리알수란버섯국

메추리알고추장볶음
메추리알수란버섯국

메추리알은 신선한 것일수록 껍질이 거칠고 무겁다.
알이 작아 조림을 만들어도 좋고 삶아서 꼬치에 끼우면 파티 음식으로도 좋다.
냉장고에 넣지 않고 실온에서 보관하는 경우가 있는데
냉장 보관해야 신선도를 유지할 수 있다.

메추리알 고추장볶음

메추리알⋯⋯⋯⋯ 16개	설탕⋯⋯⋯⋯ 1작은술
새송이버섯⋯⋯⋯ 1/2개	맛술⋯⋯⋯⋯ 1작은술
식용유⋯⋯⋯⋯ 1큰술	물엿⋯⋯⋯⋯ 1작은술
고추장⋯⋯⋯⋯ 1큰술	통깨⋯⋯⋯⋯ 1작은술

HOW TO

1. 메추리알은 10분 정도 삶아 껍질을 벗기고 칼집을 두 군데 가볍게 넣는다.

2. 새송이버섯은 손톱만 한 크기로 네모지게 썬다.

3. 팬에 식용유를 두르고 메추리알과 새송이버섯을 넣어 기름이 배도록 볶는다.

4. 고추장과 설탕, 맛술, 물엿을 넣어 고루 섞으면서 맛을 낸다. 통깨를 뿌려 맛을 더한다.

Tip
메추리알을 삶아 칼집을 조금 넣고 볶으면 속까지 간이 잘 배어들어 밥반찬으로 좋다. 삶는 것이 번거롭다면 삶아서 껍질을 벗겨놓은 것으로 준비하면 편리하다.

메추리알수란버섯국

메추리알 ············ 10개	멸치 육수(물 2+1/2컵+국물용
느타리버섯 ··········· 5개	멸치 6마리) ······· 2+1/2컵
실파 ·············· 2뿌리	맛술 ············· 1작은술
국간장 ·········· 1+1/2큰술	후춧가루 ············ 조금

HOW TO

1 메추리알은 노른자가 풀어지지 않게 깨트려 그릇에 담는다.

2 느타리버섯은 길이로 반 자르고 실파는 버섯과 비슷한 길이로 자른다.

3 멸치 육수를 냄비에 담고 버섯과 실파를 넣어 한소끔 끓이다가 국간장과 맛술로 간한다.

4 메추리알을 하나씩 숟가락이나 국자에 담아 끓는 육수에 집어넣어 반 정도 익으면 국물에 넣는다. 이 과정을 반복해 메추리알을 모두 넣고 끓인다. 후춧가루로 맛과 향을 더한다.

Tip

달걀로 수란을 만들면 시간이 오래 걸리고 자칫 터지기 쉬운데 메추리알은 알이 작아 손쉽게 만들 수 있다. 맑게 끓여 따뜻하게 즐기는 음식으로 속을 편하게 해준다.

PART 3

싱싱해서 사온 고등어 한 마리로 조림을 했지만 한 끼에 다 먹지 못하는 경우가 많아요. 남은 조림은 데워서 다시 식탁에 올릴 수밖에 없는데 입맛 까다로운 가족이라도 있다면 까탈을 부리기도 하지요. 이럴 때 반으로 나눠 두 가지로 조리해 보는 건 어떨까요? 반은 국물이 자작한 조림을 하고 반은 살만 다져서 튀겨보세요. 오징어로, 고등어로, 갈치로 만들 수 있는 다른 맛, 다른 형태의 음식이 생각보다 훨씬 많답니다.

해산물을 부탁해
FISH & DRIED FISH & SEAWEED

생선 한 마리, 두 가지 음식

반찬 가자미구이

국물 가자미살감자지짐

가자미구이
가자미살감자지짐

단백질과 지방질이 풍부한 가자미는 기력을 보충해주는 효과가 있다.
살이 연하고 비린내가 적어 이유식으로도 좋은 가자미는 담백하면서 고소한 맛이 일품.
굽거나 조려도 좋고 푹 끓여 살만 발라 국으로 끓여도 좋다.

가자미구이

가자미	1마리	간장	1큰술
밀가루	2큰술	맛술	1작은술
식용유	3큰술	와사비	1작은술

HOW TO

1. 가자미는 깨끗하게 손질된 것으로 준비해 두 조각으로 토막 낸다.

2. 토막 낸 가자미에 밀가루를 앞뒤로 묻힌다.

3. 달군 팬에 식용유를 두르고 밀가루를 묻힌 가자미를 넣어 앞뒤로 뒤집어가며 노르스름하게 굽는다.

4. 간장에 맛술과 와사비를 넣어 구운 가자미에 곁들인다.

Tip
생선을 구울 때 밀가루 옷을 입히면 기름이 튀는 것도 덜하고 생선살이 팬에 달라붙는 것도 막을 수 있다. 구운 생선은 와사비 섞은 장에 찍어 먹으면 더욱 맛있다.

가자미살감자지짐

가자미 ······ 1마리	물 ······ 1컵	참기름 ······ 1작은술
감자 ······ 1개	간장 ······ 1+1/2큰술	다진 마늘 ······ 1작은술
풋고추 ······ 1개	고춧가루 ······ 1/2큰술	맛술 ······ 1작은술
대파 ······ 1/4대	설탕 ······ 1작은술	후춧가루 ······ 조금

HOW TO

1. 손질한 가자미는 2~3토막으로 자르고 껍질 부분에 잔 칼집을 넣는다.

2. 감자는 껍질을 벗기고 도톰하게 저며 썬다. 풋고추와 대파는 어슷하게 저민다.

3. 냄비에 감자를 깔고 가자미와 고추, 대파를 고루 얹고 간장과 고춧가루, 설탕, 참기름, 다진 마늘, 맛술, 후춧가루를 얹는다.

4. 냄비 가장자리로 물을 붓고 국물이 자작하게 되도록 지진다.

> *Tip*
> 가자미는 비린내가 적은 생선이라 국물을 자작하게 잡아 조리면 국물도 맛있게 먹을 수 있다. 양념이 배든 감자의 맛도 좋다.

갈치무조림
갈치호박국

반짝이는 갈치의 표면은 은백색의 색소로 되어 있는데
소화가 안 되고 영양적 가치도 없으므로 긁어내고 조리한다.
인산의 함량이 많은 산성식품이므로
채소와 함께 조리하거나 함께 먹는 것이 좋다.

반찬 갈치무조림

국물 갈치호박국

갈치무조림

갈치	4토막
무	1/6개
대파	1대
물	1/2컵
간장	1큰술
참기름	1/2큰술
고춧가루	2작은술
다진 마늘	1작은술
설탕	1작은술
맛술	1작은술
후춧가루	조금

Tip
조림용 갈치는 살이 약간 도톰해야 생선살을 발라 먹는 재미가 있다. 생선을 조릴 때 무나 감자, 시래기 등을 깔면 생선살이 냄비에 들러붙는 것을 피할 수 있고 양념과 생선의 맛이 함께 채소에 배어 맛있다.

HOW TO

1. 칼등으로 갈치의 은백색 색소를 살살 긁어낸다.

2. 무는 도톰하게 반달 모양으로 얇게 썰고 대파는 2cm 길이로 자른다.

3. 간장과 참기름, 고춧가루, 다진 마늘, 설탕, 맛술, 후춧가루를 고루 섞어 양념을 만든다.

4. 냄비에 무를 깔고 갈치를 얹은 후 양념을 고루 끼얹고 대파를 얹는다. 가장자리로 물을 붓고 국물이 바특하게 되도록 조린다. 중간에 국물을 끼얹어가며 조린다.

갈치호박국

갈치	4토막
애호박	1/4개
대파	1/2대
청양고추	1개
멸치 육수(물 3컵+국물용 멸치 6마리)	3반
다진 마늘	1작은술
고춧가루	2작은술
생강즙	1작은술
맛술	1큰술
액젓	1큰술
소금	조금
후춧가루	조금

Tip
갈치로 국을 끓일 때는 신선한 것으로 준비해 국물을 너무 많지 않게 잡아 칼칼하게 끓인다. 국간장으로 간을 해도 좋지만 액젓으로 간하면 갈치의 맛과 잘 어울리는 데다 진한 감칠맛을 얻을 수 있다.

HOW TO

1. 갈치는 칼등으로 은백색 색소를 긁어내고 소금을 조금 뿌려놓는다.

2. 애호박은 도톰하게 반달 모양으로 자르고 대파는 3cm 길이로 자른다. 청양고추는 송송 썬다.

3. 냄비에 호박을 깔고 갈치와 대파, 고추를 담고 육수를 붓고 다진 마늘과 고춧가루, 생강즙, 맛술을 넣어 팔팔 끓인다.

4. 갈치와 애호박이 완전히 익으면 액젓과 후춧가루를 넣고 간을 맞춰 마무리한다.

국물 고등어얼큰찌개

반찬 고등어튀김

고등어튀김
고등어얼큰찌개

단백질과 지방질이 풍부한 대표적인 등 푸른 생선인 고등어.
살이 오르는 가을이 가장 맛있지만 산란기 전인 봄에도 맛있다.
특히 고등어는 기름이 많아 자칫 선도가 떨어진 것을
잘못 먹으면 알레르기 반응을 보일 수 있으니 주의해야 한다.
소금을 뿌려 구워도 좋고 토막 내서 조린 것도 맛있다.
신 김치를 깔고 조려도 밥과 잘 어울린다.

고등어튀김

생고등어 ············ 1/2마리	소금 ················ 조금
밀가루 ············· 4큰술	맛술 ············· 2작은술
빵가루 ············· 4큰술	생강즙 ············ 1작은술
식용유 ············· 1/2컵	

HOW TO

1. 고등어는 등뼈를 중심으로 살만 포를 뜨듯 발라 흐르는 물에 씻어 적당한 크기로 자른 다음 물기를 뺀다.

2. 물기 뺀 고등어는 소금과 맛술, 생강즙을 고루 섞은 것을 뿌려 간한다.

3. 간을 한 고등어에 밀가루와 빵가루를 묻힌다. 가루 옷이 떨어지지 않도록 손바닥으로 가만히 쥐었다 놓는다.

4. 끓는 기름에 고등어를 넣어 바삭하게 튀겨 기름기를 뺀다.

> **Tip**
> 고등어는 살이 도톰한 것으로 골라 구이용, 조림용 등 조리법에 따라 나눠서 손질해 냉동실에 넣어두면 꺼내 쓰기 좋다. 고등어는 생선 중에서도 살이 비교적 많아 살만 발라 튀기거나 다지면 더욱 다양한 음식을 만들 수 있다.

고등어 얼큰찌개

생고등어 ········· 1/2마리	김치 ············ 1/8포기	맛술 ············ 1작은술
무 ············· 1/8개	물 ·············· 4컵	설탕 ············ 2작은술
청양고추 ········· 2개	고춧가루 ········· 2큰술	액젓 ············ 2작은술
양파 ············ 1/4개	다진 마늘 ········ 2작은술	후춧가루 ········· 조금

HOW TO

1. 고등어는 손질해 뼈째 4조각으로 토막 낸다. 이때 미리 굵은 뼈를 발라내면 먹을 때 더 편하다.

2. 무는 도톰하고 네모지게 썰고 청양고추는 송송 썬다. 양파는 굵직하게 채 썰고 배추김치는 길쭉하게 썬다.

3. 냄비에 무와 배추김치를 넣고 고등어를 얹은 후 고춧가루를 뿌린다. 그런 후 물을 붓고 한소끔 끓인다.

4. 3의 고등어 위에 양파, 고추를 얹고 다진 마늘, 맛술, 설탕, 후춧가루로 맛을 내고 액젓으로 간을 맞춘 후 10분 정도 더 끓인다.

> **Tip**
> 고등어로 찌개를 끓일 때 김치를 넣으면 김치의 양념과 맛이 국물에 배어 고등어의 비린 맛도 누그러뜨릴 수 있고 푹 익은 김치를 건져 먹는 맛도 좋다.

꽁치간장조림
꽁치완자탕

꽁치는 가격 대비 맛이 좋고 영양도 풍부한 생선 중 하나.
기름기가 많이 돌아 살이 부드러워 구이나 조림 등에 어울리고
살만 발라 다져서 조리해도 맛있다.

반찬 꽁치간장조림

국물 꽁치완자탕

꽁치간장조림

꽁치 ·············· 2마리	간장 ·············· 2큰술	물엿 ············· 1작은술
양파 ·············· 1/4개	참기름 ············ 1/2큰술	후춧가루 ············ 조금
대파 ·············· 1/4대	다진 마늘 ········· 1작은술	
청양고추 ············ 1개	설탕 ·············· 1큰술	
물 ················ 1/2컵	맛술 ·············· 1큰술	

HOW TO

1. 꽁치는 손질해 4~5cm 길이로 토막 낸다.

2. 양파는 굵직하게 채 썰고 대파는 어슷하게 썬다. 고추는 송송 썬다.

3. 팬에 간장과 참기름, 다진 마늘, 설탕, 맛술, 물엿, 후춧가루를 넣고 한소끔 끓인다.

4. 3의 양념에 꽁치를 넣어 국물을 끼얹어가며 조리다가 양파, 대파, 고추를 넣어 맛이 고루 배도록 중불에서 조린다.

Tip

요즘에는 손질된 생선을 많이 팔아 편리하다. 손질된 생선을 구입해 흐르는 물에 씻어 물기를 뺀 후 소금을 약간 뿌려두면 생선 살에 간이 배어 맛있고 생선 살에 탄력도 생겨 조리거나 찐 후에도 부스러지는 것을 어느 정도 피할 수 있다.

꽁치완자탕

꽁치 · · · · · · · · · · · · · · · 3마리	빵가루 · · · · · · · · · · · · · · · 5큰술	참기름 · · · · · · · · · · · · 1작은술
새송이버섯(중) · · · · · · · · 1개	달걀 · · · · · · · · · · · · · · · · · · 1개	다진 마늘 · · · · · · · · · 1작은술
청양고추 · · · · · · · · · · · · · · 3개	멸치 육수(물 3+1/2컵+국물용	맛술 · · · · · · · · · · · · · · · 1작은술
양파 · · · · · · · · · · · · · · · · 1/4개	멸치 6마리) · · · · · · · 3+1/2컵	소금 · · · · · · · · · · · · · · · 조금
실파 · · · · · · · · · · · · · · · · 3뿌리	고추장 · · · · · · · · · · · · · · · 1큰술	후춧가루 · · · · · · · · · · 조금
마늘종 · · · · · · · · · · · · · · 4줄기	고춧가루 · · · · · · · · · · · · 2작은술	
밀가루 · · · · · · · · · · · · · · · 3큰술	액젓 · · · · · · · · · · · · · · · · · · 1큰술	

HOW TO

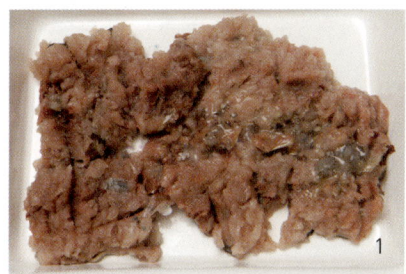

1 꽁치는 등뼈를 중심으로 살만 발라 흐르는 물에 씻은 뒤 곱게 다진다.

2 청양고추와 양파, 실파, 마늘종은 곱게 다진다.

3 다진 꽁치살에 다진 고추와 양파, 실파, 마늘종을 넣고 고루 섞은 후 밀가루와 빵가루, 달걀을 넣어 고루 치대면서 맛술과 소금, 후춧가루로 간을 맞춘다.

4 육수에 고추장과 고춧가루를 풀어 끓이다가 3cm 길이로 썬 새송이버섯을 넣고 3의 꽁치 반죽을 한 숟가락씩 떠 넣어 끓인다. 액젓으로 간을 하고 참기름과 다진 마늘을 넣어 맛을 낸다.

> *Tip*
> 다져서 양념한 꽁치살을 동글납작하게 패티처럼 만들어 팬에 구우면 반찬으로도 좋고 스파게티에 곁들여도 잘 어울린다. 샐러드용 채소를 곁들이고 오리엔탈 소스 등을 뿌리면 근사한 일품 요리가 된다.

국물 명태된장국

 명태간장조림

명태

명태간장조림
명태된장국

예전에는 명태가 고등어나 꽁치만큼
대중적인 생선이었으나 요즘에는 귀한 편이다.
담백하고 살이 부드러워 제철인 겨울에는 반찬으로 국으로,
찌개로 상에 자주 오른다. 명태는 비린내가 거의 없고 살이 부드러워 소화가 잘된다.
생명태 대신 반건조 명태인 코다리를 사용해도 좋다.

명태간장조림

명태 ········· 1/2마리	고추 ········· 1개	참기름 ········ 1/2큰술
표고버섯 ······ 1개	물 ·········· 1/2컵	설탕 ·········· 2작은술
양파 ········· 1/4개	절임용 굵은소금 ··· 조금	다진 마늘 ······ 1작은술
대파 ········· 1/2대	간장 ········· 1+1/2큰술	맛술 ·········· 1작은술

HOW TO

1. 명태는 4~5토막으로 잘라 절임용 굵은소금을 뿌려 간이 배도록 한다.

2. 표고버섯은 적당한 크기로 네모지게 자르고 양파, 대파와 고추도 비슷한 크기로 자른다.

3. 오목한 팬이나 냄비에 간장과 참기름, 설탕, 다진 마늘, 맛술을 담고 물을 부어 한소끔 끓인다.

4. 명태와 표고버섯, 양파, 대파를 넣고 국물이 고루 배도록 끼얹어가며 조리다가 고추를 넣는다. 국물이 바특하게 되도록 조린다.

> **Tip**
> 명태는 살이 연해 익기 시작하면 살이 부서지기 쉽다. 손질 후 소금을 조금 뿌려놓으면 살에 탄력이 생겨 조릴 때 부서지는 것을 피할 수 있다. 또 조릴 때는 주걱으로 마구 휘젓지 않고 국물을 끼얹으며 조리해야 살이 부서지지 않는다.

명태배추된장국

명태 ············ 1/2마리	물 ············ 4컵
배추잎 ············ 5장	된장 ············ 2큰술
대파 ············ 1/4대	다진 마늘 ······ 1/2작은술
다시마(손바닥 1/2 크기) ·· 1장	맛술 ············ 1작은술

HOW TO

1. 명태는 4~5cm 길이로 자른다. 머리도 버리지 않는다.

2. 배추잎은 1cm 폭으로 어슷하게 자르고 대파는 2cm 길이로 자른다.

3. 냄비에 물을 담고 불에 올려 끓으면 다시마를 넣고 된장을 풀어 한소끔 끓인다.

4. 끓는 국물에 명태와 배추잎을 넣어 끓이다가 대파, 다진 마늘, 맛술을 넣어 맛을 낸다.

> *Tip*
> 명태처럼 살이 부드러운 생선은 국물이 끓을 때 넣어야 생선살 표면이 빨리 익어 살이 쉽게 부서지지 않는다. 된장을 풀고 배추를 넣으면 시원한 맛이 살아난다.

국물 삼치곤드레찌개

반찬 삼치카레구이

삼치카레구이
삼치곤드레찌개

삼치는 살이 연하고 부드러운 데다 비린내도 약한 편이다.
살이 도톰하게 많고 잔뼈가 적어 살만 발라 조리하기 편하다.
국물을 자작하게 잡아 찌개를 끓여도 맛있다.

삼치카레구이

삼치 ············ 1/2마리	식용유 ············ 4큰술
절임용 굵은소금 ······ 조금	간장 ············· 1큰술
밀가루 ············ 1큰술	와사비 ··········· 1작은술
카레가루 ··········· 1큰술	무 ·············· 조금

HOW TO

1. 삼치는 뼈를 추려내고 살만 발라 한 입에 먹기 좋은 크기로 자른다. 이때 칼을 뉘어 포를 뜨듯 저민다.

2. 손질한 삼치에 굵은 소금을 조금 뿌려 약하게 간하고 밀가루와 카레가루를 섞어 옷을 입힌다.

3. 달군 팬에 식용유를 두르고 옷을 입힌 삼치를 넣어 앞뒤로 뒤집어가며 굽는다.

4. 간장에 와사비, 무 간 것을 섞은 장을 함께 낸다.

> *Tip*
> 생선을 조리할 때 카레가루를 약간 넣으면 카레 향이 더해지면서 비린내를 없앨 수 있다. 밀가루에 카레가루를 섞어 옷을 입혀 구우면 바삭한 맛까지 더해져 더욱 맛있다.

삼치 곤드레찌개

삼치 ········· 1/2마리	물 ········· 3컵	다진 마늘 ····· 1작은술
삶은 곤드레나물 ···· 80g	간장 ········· 1큰술	참기름 ········ 1작은술
양파 ········· 1/4개	액젓 ········ 1/2큰술	후춧가루 ········· 조금
청양고추 ········ 1개	설탕 ········ 1/2큰술	
대파 ········· 1/2대	맛술 ········· 1작은술	

HOW TO

삼치는 3cm 크기로 토막 내 흐르는 물에 씻는다.

삶은 곤드레나물은 1cm 길이로 썰고 양파는 굵직하게 채 썬다. 청양고추와 대파는 어슷하게 썬다.

그릇에 간장과 액젓, 설탕, 맛술, 다진 마늘, 참기름, 후춧가루를 넣어 고루 섞어 양념장을 만든다.

냄비에 곤드레나물을 먼저 깔고 3의 양념장을 1/3 정도 덜어 끼얹은 뒤 삼치와 양파, 고추, 대파를 모두 올리고 남은 양념장을 끼얹는다. 가장자리로 물을 붓고 국물이 자작하게 되도록 끓인다.

> *Tip*
> 산성인 생선과 알칼리성인 곤드레나물의 궁합은 좋은 편. 생선과 나물을 함께 먹으면 소화도 잘되고 속도 든든하다. 냄비 바닥에 깐 나물 위에 양념장을 먼저 끼얹으면 나물에도 간이 잘 배어들어 더 맛있다.

조 기

조기탕수
조기호박지짐

조기는 영양이 풍부하고 특유의 감칠맛이 좋으며 소화도 잘된다.
간간하게 간이 배어 꾸덕하게 말린 굴비는 밥도둑이라고 불릴 정도.
조기는 기름에 구워도 좋고 매콤하게 간해 조려도 맛있다.

반찬 조기탕수

국물 조기호박지짐

조기탕수

조기	2마리
양파	1/4개
마늘	6쪽
풋고추	2개
홍고추	1/2개
밀가루	2큰술
식용유	1/2컵
참기름	1작은술
설탕	1큰술
식초	1큰술
간장	1/2큰술
맛술	1작은술
굴소스	1작은술
물	1컵
녹말물(녹말가루 1큰술+물 1큰술)	1큰술
소금	조금
후춧가루	조금

Tip 조기는 센 불에서 바삭하게 튀기면 등뼈를 제외한 잔뼈도 먹을 수 있다.

HOW TO

1. 조기는 비늘을 벗기고 살이 도톰한 등에 칼집을 두 군데 정도 깊숙하게 넣은 뒤 밀가루를 뿌려 옷을 입히고 끓는 식용유에 넣어 튀겨낸다.

2. 양파는 마늘 크기로 네모지게 자르고 고추는 송송 썬다. 마늘은 통으로 준비한다.

3. 팬에 참기름을 두르고 양파와 마늘, 고추를 넣어 달달 볶다가 설탕과 식초, 간장, 맛술, 굴소스, 소금, 후춧가루를 넣어 맛을 낸 후 물을 붓고 한소끔 끓인다.

4. 끓는 국물에 녹말물을 넣고 고루 저어 탕수 소스를 만들어 튀긴 조기 위에 얹는다.

조기호박지짐

조기	2마리
애호박	1/3개
양파	1/4개
생강	1/4톨
고춧가루	1/2큰술
다진 마늘	2작은술
맛술	1작은술
설탕	1작은술
액젓	1+1/2큰술
물	2+1/2컵

Tip 조기는 비린 맛이 약해 물을 자박하게 붓고 조리면 국물까지 맛있다. 호박이 익어 나른해지면 호박에서 단맛이 나와 국물 맛이 좋아진다. 나른하게 익은 호박에도 간이 배어 맛있다.

HOW TO

1. 조기는 손질해 반으로 자른다. 작은 것이라면 통으로 준비한다.

2. 애호박은 도톰하게 반달 모양으로 썰고 양파는 굵직하게 채 썬다. 생강은 저민다.

3. 고춧가루와 다진 마늘, 맛술, 설탕, 액젓을 고루 섞는다.

4. 냄비에 조기와 호박, 양파를 어우러지게 담고 만든 양념을 끼얹고 가장자리로 물을 부어 자박하게 조린다.

국물 관자토마토수프

반찬 관자레몬소스볶음

관자레몬소스볶음
관자토마토수프

쫄깃하게 씹히는 맛이 좋은 관자는
익으면 오그라들기 때문에 미리 군데군데 칼집을 넣어 조리한다.
샐러드나 스파게티, 바비큐 등 서양식 조리에 많이 사용되는 재료다.

관자 레몬소스볶음

관자	3개
피망	1/2개
양파	1/4개
버터	1큰술
레몬즙	1큰술
설탕	1큰술
맛술	1작은술
소금	조금
후춧가루	조금

Tip
관자는 깔끔한 맛이 좋은 재료이므로 양념을 많이 하지 않고 재료 자체의 맛을 살리면서 조리하는 것이 좋다. 지나치게 오래 가열하면 질깃한 맛이 강해질 수 있다.

HOW TO

1 관자는 씻어 횡으로 저며 2조각을 내고 가장자리에 잔칼집을 넣는다.

2 피망과 양파는 관자와 비슷한 크기로 자른다.

3 달군 팬에 버터를 녹이고 관자와 피망, 양파를 넣어 볶다가 소금과 후춧가루를 조금씩 뿌려 간을 맞추고 차게 식힌다.

4 레몬즙과 설탕, 맛술을 고루 섞어 소스를 만들어 구운 관자와 피망, 양파에 끼얹는다.

관자 토마토수프

관자	4개
양파	1/4개
셀러리	1줄기
토마토 퓌레	1/2컵
월계수 잎	2장
물	2+1/2컵
버터	1큰술
소금	조금
후춧가루	조금
파슬리가루	1작은술
파르메산치즈가루	1큰술

Tip
토마토 퓌레의 진한 향에 월계수 잎, 파슬리가루 등이 어우러져 풍미가 뛰어나다. 밥보다는 스파게티나 빵이 더 잘 어울린다. 바게트나 베이글 등의 빵을 준비해 곁들이면 식탁에 변화를 줄 수 있다.

HOW TO

1 관자는 씻어 횡으로 저며 반으로 포를 뜬 후 다시 열십자로 자른다.

2 양파는 관자와 비슷한 크기로 자르고 셀러리는 겉껍질을 벗기고 1cm 길이로 송송 썬다.

3 팬에 버터를 녹이고 관자와 양파, 셀러리를 넣어 센 불에서 재빨리 볶는다.

4 토마토 퓌레와 월계수 잎, 물을 붓고 한소끔 끓이다가 소금과 후춧가루로 간을 맞추고 마른 파슬리가루와 파르메산치즈가루를 뿌려 향과 맛을 더한다.

반찬 바지락고추볶음

국물 바지락냉잇국

바지락고추볶음
바지락냉잇국

바지락은 칼슘이나 철, 인 등이 풍부하며 양질의 단백질은
닭고기와 맞먹을 정도. 술 마시고 난 다음 날 해장국으로도 좋은데
타우린과 필수아미노산의 일종인 오치아민이 담즙의 배설을 촉진하여
간장의 해독 작용을 돕기 때문.

바지락얼큰볶음

바지락	300g	올리브오일	2큰술
으깬 마른 고추	2큰술	다진 마늘	1/2큰술
청양고추	2개	맛술	2큰술
대파	1/4대	후춧가루	조금
생강	1/2톨	소금	조금

HOW TO

1. 바지락은 해감을 토한 것으로 준비해 손바닥으로 비벼가며 씻어 헹군다.

2. 청양고추는 송송 썰고 생강은 도톰하게 저미고, 대파는 어슷하게 썬다. 으깬 마른 고추도 준비한다.

3. 달군 팬에 오일을 두르고 으깬 마른 고추와 고추, 생강, 대파를 넣어 달달 볶아 매운맛과 향이 기름에 배도록 한다.

바지락을 넣고 볶다가 입을 벌리기 시작하면 다진 마늘과 맛술, 후춧가루로 간을 하고 모자라는 간은 소금을 약간 넣어 맞춘다.

Tip
기름 두른 팬에 매운 재료를 먼저 넣어 볶으면 기름에 매운 향과 맛이 배어 풍미가 좋아진다. 으깬 마른 고추를 만드는 태국고추는 알이 작은 것으로 매운 맛이 우리네 청양고추보다 훨씬 진하다. 매콤한 맛을 낼 때 사용하면 효과가 큰데 볶음요리를 할 때 그 효과가 더욱 크다.

바지락냉잇국

바지락	200g	물	4컵
냉이	50g	된장	1+1/2큰술
대파	1/4대	맛술	1작은술

HOW TO

1. 바지락은 해감을 토한 것으로 준비해 씻어 물기를 뺀다.

2. 냉이는 씻어 끓는 물에 살짝 데친 후 잘게 썬다. 데치지 않고 사용해도 된다. 대파는 송송 썬다.

3. 물을 냄비에 담고 된장을 풀어 한소끔 끓이다가 바지락을 넣어 입을 벌리도록 끓인다.

4. 냉이와 대파, 맛술을 넣어 한소끔 더 끓인다.

Tip
바지락에 된장을 풀고 제철 채소를 넣어 끓이는 국은 시원한 맛이 일품. 데친 냉이를 송송 썰어 넣으면 냉이 향이 퍼져 더욱 맛있다.

국물 굴국

반찬 굴초회

굴초회
굴국

굴은 수분이 많고 단백질과 칼슘이 풍부해 '바다의 우유'라고 불린다.
수분이 많아 변질되기 쉬우므로 살 때 반드시 선도를 확인해야 한다.
구입 후 바로 먹을 것이 아니면 냉동하는 것이 좋다.

굴초회

굴	200g
무	1/8개
당근	1/6개
레몬	1/4개
설탕	1큰술
식초	1큰술
맛술	1작은술
소금	조금
통깨	1작은술

Tip
굴을 가장 건강하게 먹는 방법 중 하나가 식초를 뿌려 먹는 것. 신선한 레몬을 짜 뿌리면 다른 간 없이 그냥 즐길 수도 있고 육질에 탄력이 생겨 좋다. 산성인 굴에 알칼리성인 식초가 더해져 영양의 균형도 잡을 수 있다.

HOW TO

1. 굴은 깨끗하게 씻어 체에 밭쳐 물기를 뺀다.

2. 무와 당근은 3cm 길이로 곱게 채 썬다. 레몬도 준비한다.

3. 채 썬 무와 당근에 설탕과 식초, 맛술, 소금, 통깨, 레몬즙을 넣어 가볍게 버무려 잠시 잰다.

4. 3의 초절임한 채를 접시에 펼쳐 담고 굴을 얹는다.

굴국

굴	100g
두부	1/4모
실파	2뿌리
레몬	조금
다시마(손바닥 1/2 크기)	1장
물	3컵
액젓	2작은술

Tip
시원하고 깔끔한 맛이 나는 국으로 끓여서 따뜻할 때 바로 먹어야 굴의 고소한 맛과 시원한 맛을 동시에 즐길 수 있다.

HOW TO

1. 굴은 씻어 물기를 빼고 두부는 3cm 길이로 도톰하고 길쭉하게 자른다. 실파도 비슷한 길이로 자른다.

2. 다시마를 씻어 실온의 물에 넣고 10분 정도 우린 후 다시마는 건진다.

3. 다시마 우린 물을 냄비에 넣고 끓이다가 굴과 두부를 넣어 한소끔 끓인다.

4. 굴이 익기 시작하면 레몬 조각과 실파를 넣고 액젓으로 간한다.

꼬막고추장떡
꼬막해물탕

쫄깃쫄깃한 꼬막은 손질만 깨끗하게 하면 삶아서
별다른 간을 하지 않고 초장에 찍어 먹어도 맛있다.
꼬막은 싱싱한 것으로 구입하고
무엇보다 해감을 잘 토하게 하는 것이 중요하다.

반찬 꼬막고추장떡

국물 꼬막해물탕

꼬막고추장떡

꼬막	300g
애호박	1/5개
풋고추	2개
홍고추	1/2개
밀가루	5큰술
달걀	1개
물	1/3컵
고추장	1큰술
맛술	1작은술
식용유	3큰술

Tip 고추장으로 간을 해 밥반찬으로도 좋은데 채소를 더 다양하게 넣고 간도 심심하게 하면 간식으로도 좋다.

HOW TO

1. 꼬막은 씻어 끓는 물에 삶은 뒤 입을 벌려 살만 발라내고 맑은 물에 한 번 헹군다.

2. 애호박과 고추는 굵직하게 다진다.

3. 그릇에 밀가루와 달걀, 물을 담고 고루 섞은 후 고추장과 맛술을 넣어 고루 섞는다.

4. 꼬막과 다진 호박, 고추를 반죽에 넣고 식용유 두른 팬에 한 입에 먹기 좋은 크기로 모양을 만들어 지진다.

꼬막해물탕

꼬막	300g
오징어	1/2마리
새우 살	1/4컵
양배추	1/8통
양파	1/4개
당근	1/5개
물	4컵
식용유	1큰술
고춧가루	2작은술
굴소스	2작은술
다진 마늘	1작은술
소금	조금
후춧가루	조금

Tip 밥을 말아도 좋고 삶은 국수를 넣으면 꼬막짬뽕으로도 즐길 수 있다. 물 대신 고기 삶은 국물이나 멸치 육수에 끓이면 감칠맛이 더욱 진해져 맛있다.

HOW TO

1. 꼬막은 손질해 끓는 물에 삶아 살만 발라 깨끗한 물에 헹군다.

2. 오징어는 굵직하게 채 썰고 새우 살은 씻어 물기를 뺀다.

3. 양배추는 먹기 좋은 크기로 네모지게 자르고 양파는 굵직하게 채 썬다. 당근은 양배추와 비슷한 크기로 자른다.

4. 오목한 팬에 식용유를 두르고 고춧가루와 굴소스, 다진 마늘을 넣어 볶다가 꼬막과 오징어, 새우 살, 양배추, 양파, 당근을 넣고 센 불에서 재빨리 볶다가 물을 붓고 끓인다. 소금과 후춧가루로 모자라는 간을 맞춘다.

반찬 전복버터마늘구이

국물 전복죽

전복버터마늘구이
전복죽

전복은 조개류 중에서 가장 맛이 좋은 것 중 하나.
수분 함량이 많아 보관을 잘하지 않으면 부패하기 쉽다.
전복은 오돌오돌 씹히는 맛이 좋아 회로도 먹지만
익혀서 먹는 것이 감칠맛이 더 좋다.

전복 버터마늘구이

전복·················· 4개
마늘·················· 10쪽
버터·················· 2큰술
맛술·················· 2큰술
소금·················· 조금
후춧가루·············· 조금

Tip
전복의 쫄깃하게 씹히는 맛과 마늘의 달달한 맛이 버터와 어우러져 맛있다. 밥반찬으로도 좋지만 샐러드와 함께, 혹은 스파게티 면을 삶아 함께 먹어도 맛있다.

HOW TO

1. 전복은 흐르는 물에 씻어 칼끝으로 껍질에서 분리한 후 내장을 정리한다.

2. 손질한 전복은 칼을 뉘어 어슷하게 저민다. 마늘은 도톰하게 썬다.

3. 달군 팬에 버터를 녹이고 마늘을 넣어 노르스름하게 볶는다.

4. 전복을 넣고 맛술을 뿌린 후 소금과 후춧가루로 간을 맞춘다.

전복죽

전복·················· 2개
양파·················· 1/4개
당근·················· 1/6개
애호박················ 1/6개
찹쌀·················· 2/3컵
물···················· 5컵
참기름················ 1큰술
맛술·················· 2작은술
국간장················ 1큰술
통깨·················· 1작은술

Tip
전복죽은 전복으로 만드는 대표적인 음식 중 하나. 보양식으로 좋아 입맛이 없거나 기력이 달릴 때 먹으면 좋다. 멥쌀로 죽을 끓여도 되지만 찹쌀로 만들면 끈기가 돌아 더욱 맛있고 속이 든든하다.

HOW TO

1. 전복은 손질해 손톱보다 조금 작은 크기로 다진다. 양파와 당근, 애호박도 전복과 비슷한 크기로 자른다.

2. 찹쌀은 씻어 물에 잠시 담가 불린 후 건진다.

3. 달군 냄비에 참기름을 두르고 전복과 찹쌀, 맛술을 넣어 볶다가 물을 붓고 끓인다. 중간에 주걱으로 저어가며 끓인다.

4. 밥알이 반 이상 익으면 양파와 당근, 애호박을 넣고 섞은 후 국간장으로 간을 맞춘다. 약한 불에서 밥알이 충분히 부드러워지도록 은은하게 끓인 후 그릇에 담고 통깨를 뿌린다.

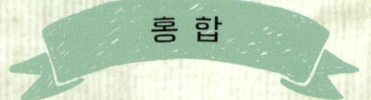

홍합

홍합칠리볶음
홍합미역국

홍합은 다른 조개류와 마찬가지로
부패하기 쉬워 선도가 좋은 것으로 조리해야 한다.
익히면 고소하면서 깊은 감칠맛이 돌아 맛있다.
삶은 홍합의 색은 약간 진하면서
붉은색이 도는 것이 더 진한 맛이 난다.

국물 홍합미역국

반찬 홍합칠리볶음

홍합칠리볶음

홍합	300g
양배추	1/6통
마늘	4쪽
청양고추	2개
마늘종	4줄기
식용유	1큰술
칠리소스	3큰술
설탕	1작은술
맛술이나 와인	1큰술

HOW TO

1. 홍합은 껍질 사이에 붙은 수염과 이물질을 제거하고 말끔히 씻는다.

2. 양배추는 먹기 좋은 크기로 네모지게 자르고, 마늘은 저미고, 청양고추는 굵직하게 다진다. 마늘종은 2cm 길이로 자른다.

3. 달군 팬에 식용유를 두르고 양배추와 마늘, 마늘종을 넣어 달달 볶다가 칠리소스와 설탕을 넣어 볶는다.

4. 홍합을 넣고 뚜껑을 덮어 익히다가 홍합이 입을 벌리기 시작하면 맛술이나 와인을 뿌리고 양념이 고루 섞이도록 센 불에서 고루 저어가며 볶는다. 다진 청양고추를 뿌려 매운맛을 더한다.

Tip
칠리소스는 단맛이 거의 없고 강한 매운맛이 나는 것이 있는가하면 단맛이 진하게 느껴지는 것도 있다. 조리 방법에 맞는 것으로 골라 넣으면 별다른 간을 하지 않아도 맛있게 즐길 수 있다. 칠리소스는 볶음 음식에 많이 사용하지만 찍어 먹는 소스로도 인기다. 월남쌈을 찍어 먹는 소스로도 좋고 쌀국수 장국에 섞으면 매콤한 맛을 더할 수 있다.

홍합미역국

홍합	200g
불린 미역	1컵
참기름	1작은술
액젓	1큰술

HOW TO

1. 홍합은 깨끗하게 손질해 냄비에 담고 잠길 정도로 물을 부은 뒤 홍합이 입을 벌리도록 삶아 살만 바른다.

2. 홍합 삶은 국물은 거즈를 받쳐 깨끗한 국물만 받는다. 4컵 정도만 준비한다.

3. 냄비에 참기름을 두르고 불린 미역을 넣어 달달 볶다가 홍합 살을 넣는다.

4. 홍합 삶은 국물을 붓고 미역이 부드러워지도록 20분 정도 끓인 후 액젓으로 간한다.

Tip
홍합을 넣은 미역국은 시원한 맛이 나고 깔끔하다. 끓이는 방법도 간단해 조리 시간이 길지 않으면서 맛있게 끓일 수 있다. 국간장으로 간해도 좋지만 액젓으로 간하면 감칠맛이 진하다.

우렁이살고추장무침
우렁이살된장찌개

된장찌개에 주로 넣어 먹는 우렁이는 씹는 맛이 좋고 특유의 구수한 향이 도는
민물 어종이다. 동의보감에 보면 '성질이 차고 맛이 달며 독이 없고
열독을 풀며 목마른 증세를 멈추게 한다'라고 되어 있다.
소라의 살처럼 쫄깃한데 술 깨는 데 도움이 된다.
시중에 해감을 토하고 껍질을 벗긴 것을 파는데 그것을 사서 조리하면 편리하다.

국물 우렁이살된장찌개

반찬 우렁이살고추장무침

우렁이살 고추장무침

우렁이 살	120g
고추	3개
오이	1/3개
고추장	1+1/2큰술
맛술	1작은술
설탕	2작은술
식초	1작은술
물엿	1작은술
다진 마늘	1/2작은술

Tip 우렁이 살을 구입해 사용하기 전 뜨거운 물을 끼얹어 한 번 헹궈내고 조리하는 것이 위생적이다. 알이 굵은 것은 한두 번 칼질을 해 먹기 좋게 손질한다.

HOW TO

1 우렁이 살은 뜨거운 물을 끼얹어 한 번 헹구듯 씻어 물기를 뺀다.

2 고추는 송송 썰고 오이는 우렁이살과 비슷한 크기로 자른다.

3 고추장과 맛술, 설탕, 식초, 물엿, 다진 마늘을 고루 섞어 양념을 만든다.

4 우렁이 살과 고추, 오이를 한데 담고 3의 양념장을 넣어 고루 버무린다.

우렁이살 된장찌개

우렁이 살	100g
무	1/10개
애호박	1/8개
청양고추	3개
물	3컵
된장	1+1/2큰술
고춧가루	1/2큰술
다진 마늘	1작은술
맛술	1작은술

Tip 된장찌개를 끓일 때는 다진 마늘이나 맛술 등 기타 양념을 넣지 않는 것이 깔끔하지만 우렁이 살을 넣어 끓일 때는 우렁이 살에서 나는 독특한 향과 텁텁한 맛을 다소 누그러뜨리기 위해 조금씩 넣는 것이 좋다.

HOW TO

1 우렁이 살은 끓는 물을 부어 한 번 헹군 후 물기를 뺀다.

2 무와 애호박, 고추는 우렁이 살과 비슷한 크기로 자른다.

3 된장과 고춧가루를 고루 섞은 후 다진 마늘과 맛술도 넣어 섞는다.

4 3의 된장 양념에 우렁이 살을 넣어 고루 버무린 후 냄비에 담고 물을 부어 10분 정도 팔팔 끓인다.

국물 날치알청경채맑은국

반찬 날치알쌈장

날치알쌈장
날치알청경채맑은국

언제부터인가 대중적인 식재료로 자리매김한 날치알.
오도독 터지는 맛이 좋아 볶음밥에 넣고
스파게티소스에도 넣고 찌개에 넣어 먹기도 한다.
롤이나 김밥 등의 음식에는 단골 재료.

날치알쌈장

날치알	1/3컵
양파	1/4개
청양고추	2개
홍피망	1/4개
고춧가루	2큰술
참기름	1/2큰술
설탕	1작은술
물엿	1작은술
맛술	1작은술
통깨	1작은술

> **Tip**
> 날치알은 익히지 않은 것이라 양념해 쌈장으로 만들어 냉장고에서 3일을 넘기지 않고 먹는 것이 좋다. 상추나 양상추, 깻잎 등의 채소를 준비해 쌈을 싸 먹을 때 곁들이면 좋다.

HOW TO

1 날치알은 체에 밭쳐 흐르는 물에 헹군 후 물기를 뺀다.

2 양파와 고추, 피망은 곱게 다진다.

3 고춧가루와 설탕, 물엿, 참기름, 맛술, 통깨를 그릇에 담고 고루 섞어 양념이 고루 배도록 잠시 둔다.

4 양파와 고추, 피망을 넣고 고루 섞어 날치알 쌈장을 만든다.

날치알 청경채맑은국

날치알	1/3컵
청경채	3포기
두부	1/6모
청양고추	1개
달걀	1개
멸치 육수(물 3컵+국물용 멸치 6마리)	3컵
액젓	1큰술
다진 마늘	1작은술
맛술	1작은술
소금	조금

> **Tip**
> 날치알이 톡톡 터지면서 부드러운 맛을 즐길 수 있는 국. 재료를 많이 넣지 않고 깔끔하게 끓여 먹으면 속이 편해진다.

HOW TO

1 날치알은 체에 밭쳐 흐르는 물에 씻어 물기를 빼고 청경채는 반으로 자른다.

2 두부는 굵직하게 으깨서 그릇에 담고 청양고추는 다져서 날치알과 섞는다. 여기에 달걀을 풀어 넣고 소금으로 약하게 간한다.

3 냄비에 멸치 육수를 담고 한소끔 끓인 후 청경채를 넣어 한소끔 끓인다.

4 청경채가 익기 시작하면 2의 반죽을 한 숟가락씩 떠 넣고 둥둥 떠오르기 시작하면 액젓, 다진 마늘, 맛술을 넣어 간을 맞춘다.

명란구이
명란호박찌개

명태의 알인 명란은 다른 생선 알에 비해 맛도 좋고 응용할 조리법도 많다.
소금에 절여 양념한 명란젓은 입맛 돋게 하는 밑반찬의 하나.
구수하면서 감칠맛이 진한 데다 입 안 가득 퍼지는 특유의 맛이 일품인 식재료다.

국물 명란호박찌개

반찬 명란구이

명란구이

명란	3개
가지	1/2개
양파	1/4개
마늘	3쪽
식용유	1큰술
소금	조금
맛술	2작은술

HOW TO

1. 명란은 흐르는 물에 씻어 2cm 폭으로 자른다.

2. 가지는 어슷하게 반달 모양으로 자르고, 양파는 채 썰고, 마늘은 저민다.

3. 달군 팬에 식용유를 두르고 양파와 마늘을 넣고 살짝 볶아 향을 낸다.

4. 가지를 넣어 살캉거릴 정도로 볶은 다음 명란을 넣는다. 한 면이 충분히 익으면 뒤집어 다른 면도 굽다가 볶은 채소와 섞어 어우러지도록 한 후 소금과 맛술을 넣어 맛을 낸다.

> **Tip**
> 명란은 막으로 둘러싸여 있는데 잘라서 굽는 것이라 알이 빠져 나올 수 있으므로 하나씩 뒤집어가며 굽는다. 짠맛이 돌아 간은 약하게 하는 것이 좋다.

명란호박찌개

명란	4개
애호박	1/3개
무	1/10개
마른 새우	1/4컵
물	4컵
새우젓	2큰술
고춧가루	2작은술
다진 마늘	1작은술
맛술	1작은술
후춧가루	조금

HOW TO

1. 명란은 흐르는 물에 씻어 3등분으로 자른다. 알이 작은 것이라면 통째 준비한다.

2. 애호박과 무는 너무 크지 않게 네모지게 자른다.

3. 냄비에 마른 새우와 물을 넣고 팔팔 끓인 후 마른 새우는 건진다.

4. 3의 육수에 명란을 넣고 새우젓과 고춧가루, 다진 마늘, 맛술, 후춧가루로 간을 맞춘다. 중불에서 15~20분 정도 끓인다.

> **Tip**
> 명란은 알의 크기가 다양한데 찌개에 넣을 것이라면 알이 굵지 않아도 된다. 작은 것을 통째 끓이면 알이 국물에 터져 나오지 않아 깔끔하다.

국물 게배추된장찌개

반찬 게숙장

게숙장
게배추된장찌개

단백질 함량이 풍부하고 지방질이 적은 게는 소화가 잘되고
알코올 해독도 돕는다. 몸을 차게 하는 성질이 있어
열을 내리게 하지만 지나치게 많이 먹으면 설사를 일으킬 수 있다.
주로 익혀서 먹지만 가끔 회로도 먹는데 신선하지 않은 것은
독성이 있을 수 있으니 조심한다.

게숙장

꽃게············ 2마리	간장············ 1/2컵
양파············ 1개	설탕············ 3큰술
청양고추········ 3개	맛술············ 2큰술
통마늘·········· 5쪽	후춧가루········ 조금
물············· 5컵	

HOW TO

1. 꽃게는 껍질을 깨끗하게 씻고 등딱지를 뗀 후 3~4조각으로 자른다.

2. 양파는 굵직하게 채 썰고 청양고추는 반으로 자른다. 통마늘도 준비한다.

3. 냄비에 물을 담고 간장과 설탕, 맛술, 후춧가루를 넣고 섞은 후 센 불에서 팔팔 끓인다.

4. 국물에 양파와 고추, 마늘을 넣고 손질한 꽃게를 넣어 국물이 자작해질 정도로 중불로 40분 이상 조린다.

Tip
양파를 넉넉히 넣고 끓이면 단맛이 더해져 꽃게의 맛이 더욱 좋아진다. 청양고추를 넣어 칼칼한 맛을 더하면 꽃게 특유의 비린 맛도 없어진다. 게장 국물에 밥을 비벼 먹으면 맛있다.

게배추된장찌개

꽃게·········· 1마리	된장·········· 2큰술
배추잎········ 4장	다진 마늘 ····· 2작은술
대파·········· 1/2대	생강즙········ 1작은술
물············ 5컵	

HOW TO

1. 꽃게는 깨끗하게 손질해 4등분으로 자른다.

2. 배추잎은 1cm 폭으로 자르고 대파는 3cm 길이로 자른다.

3. 냄비에 물을 붓고 된장을 푼 뒤 꽃게를 넣어 팔팔 끓인다.

4. 게가 익기 시작하면 배추 잎을 넣고 배추잎이 익어 나른해지면 대파와 다진 마늘, 생강즙을 넣어 맛을 낸다.

Tip
꽃게를 이용해 탕이나 찌개를 끓이면 게 특유의 향과 단맛이 우러나 국물 맛이 좋다. 배추를 송송 썰어 넣으면 배추에도 간이 배고 전체적인 식감이 부드러워진다.

국물 새우레드카레탕

반찬 새우후추구이

새우후추구이
새우레드카레탕

단백질과 칼슘이 풍부한 새우는 강장 식품으로 꼽힌다.
새우는 그 자체의 풍미와 맛이 좋아 어떤 식으로 조리해도 맛있다.
조리할 때 대부분 머리를 떼고 하는데
머리에서 나오는 노란 즙은 주요 단백질 공급원이다.

새우후추구이

새우(중) ············· 8마리 맛술이나 와인 ······· 1큰술
가지 ················· 1개   통후추 ··············· 1큰술
식용유 ············· 2큰술

> HOW TO

1. 새우는 굵은소금을 조금 푼 물에 씻어 통째 준비한다.

2. 가지는 새우와 비슷한 크기로 길쭉하게 막대 모양으로 자른다.

3. 달군 팬에 식용유를 두르고 한쪽에는 새우를, 한쪽에는 가지를 넣고 맛술이나 와인을 뿌려가며 굽는다.

4. 새우가 익어 붉은색이 돌고 가지가 익기 시작하면 뒤집은 뒤 통후추를 빻아 뿌린다.

Tip
새우에 통후추를 굵직하게 빻아 뿌리면 풍미가 더욱 좋아진다. 가지는 기름이나 양념을 잘 흡수하는 성질이 있어 새우와 함께 구우면 별다른 양념을 하지 않아도 맛있다.

새우카레탕

새우(중)	6마리	물	2+1/2컵
양파	1/4개	우유	1/3컵
애호박	1/4개	레드 카레 페이스트	1큰술
양배추	1/8통	식용유	1/2큰술

HOW TO

새우는 소금물에 살살 흔들어 씻어 물기를 빼고 통째 준비한다.

양파와 애호박, 양배추는 모두 비슷한 크기로 먹기 좋은 크기로 네모지게 자른다.

물에 레드 카레 페이스트를 넣어 고루 풀고 우유도 준비한다.

달군 팬에 식용유를 두르고 양파와 애호박, 양배추, 새우를 넣은 뒤 카레와 우유를 넣어 재료가 어우러지도록 끓인다.

Tip

뜨거울 때 밥 위에 얹어 먹으면 다른 반찬이 필요 없을 정도. 레드 카레 페이스트는 그린이나 옐로보다 조금 더 매운맛이 나는 카레 페이스트로 칼칼한 맛이 돌아 입맛을 자극하고 중독성이 있다. 새우의 감칠맛과 잘 어울린다.

국물 문어꼬치탕

문어

문어간장무침
문어꼬치탕

저칼로리 식품인 문어는 소화에 시간이 걸리지만
근육과 뼈를 튼튼하게 한다.
타우린 성분이 많아 콜레스테롤 수치를 떨어트리는 작용을 한다.
데쳐서 파는 문어를 구입해 조리하면 간편하지만
생물을 구입해 바로 데쳐 먹으면 훨씬 맛있다.

반찬 문어간장무침

문어간장무침

- 문어·····················200g
- 미나리·····················1줌
- 간장·····················2큰술
- 참기름·················1/2큰술
- 다진 마늘··············1작은술
- 식초···················1/2큰술
- 설탕···················1/2큰술
- 통깨···················1작은술
- 후춧가루·················조금

> **Tip**
> 문어와 향긋한 맛이 나는 미나리가 잘 어울린다. 간장에 참기름을 더해 향이 좋은 데다 식초와 설탕을 넣어 달달하면서 새콤한 맛이 돌아 밥과 잘 어울린다.

HOW TO

문어는 데쳐서 얄팍하게 저민다.

미나리는 씻어 3~4cm 길이로 자른다.

넓은 그릇에 간장과 참기름, 다진 마늘, 식초, 설탕, 통깨, 후춧가루를 담고 고루 섞어 양념장을 만든다.

3의 양념장에 손질해둔 문어와 미나리를 넣어 고루 버무린다.

문어꼬치탕

- 문어·····················200g
- 두부······················1/4모
- 대파······················1/3대
- 물························3컵
- 가쓰오부시················1줌
- 쯔유····················2큰술
- 맛술···················1작은술

> **Tip**
> 어묵꼬치처럼 즐길 수 있게 만든 탕으로 구운 두부와 함께 먹는 맛이 깔끔하다. 우동이나 맑은 전골을 끓일 때 육수에 가쓰오부시를 넣었다가 건지면 진한 감칠맛이 우러나 맛있다. 물이 끓을 때에 넣었다가 오래 두지 않고 1~2분 정도 두었다가 건져도 충분하다. 조리하고 남은 것은 냉동실에 보관하는 것이 향과 맛을 유지하는 비결.

HOW TO

문어는 데쳐서 도톰하게 썰어 꼬치에 꿴다.

두부는 사방 1cm 크기로 네모지게 잘라 달군 팬에 기름 없이 노르스름하게 굽는다.

냄비에 물을 담고 끓으면 가쓰오부시를 넣었다가 1분 정도 후에 걷어내고 맛술을 넣어 비린내를 누그러뜨린다.

국물에 쯔유를 넣어 간한 후 꼬치에 꿴 문어를 넣고 구운 두부와 2cm 길이로 자른 대파를 넣어 한소끔 끓인다.

국물 오징어순두부찌개

반찬 오징어초회

오징어초회
오징어순두부찌개

오징어는 양질의 단백질이 풍부하다.
이 단백질은 밥에는 부족한 성분이므로 밥과 함께 먹으면
영양의 균형을 이룰 수 있다. 오징어를 손질할 때 껍질을 벗기면
깨끗하지만 맛과 영양은 떨어진다.

오징어초회

오징어 ············ 1마리	식초 ············ 1큰술
오이 ············ 1/4개	설탕 ············ 1큰술
당근 ············ 1/4개	다진 마늘 ········ 1작은술
적양배추 ········ 20g	통깨 ············ 1작은술
고추장 ·········· 2큰술	와사비 ·········· 1/2작은술

HOW TO

1. 오징어는 몸통을 펼쳐 손질해 안쪽에 잔칼집을 넣고 끓는 물에 데쳐 3cm 길이로 굵직하게 채 썬다.

2. 오이와 당근, 적양배추도 오징어와 비슷한 크기로 채 썬다.

3. 고추장과 식초, 설탕, 다진 마늘, 통깨, 와사비를 넣고 고루 섞어 양념장을 만든다.

4. 오징어에 **3**의 양념장을 넣어 먼저 버무린 후 손질한 채소를 넣어 고루 어우러지도록 버무린다.

Tip
초고추장을 만들 때 와사비를 조금 더하면 맵싸한 맛이 더해져 더욱 맛있다. 레몬즙을 넣으면 향이 더해져 산뜻하다.

오징어 순두부찌개

오징어 ······ 1/2마리	참기름 ······ 1작은술
순두부 ······ 1/2컵	액젓 ······ 1큰술
마른 새우 ······ 1/4컵	다진 마늘 ······ 1작은술
물 ······ 3컵	소금 ······ 조금
고추기름 ······ 1큰술	후춧가루 ······ 조금

HOW TO

1. 오징어는 한 입에 먹기 좋게 3~4cm 길이로 굵직하게 썬다.

2. 냄비에 고추기름을 넣고 오징어와 마른 새우를 넣어 달달 볶는다.

3. 물을 붓고 팔팔 끓이다가 순두부를 큼직하게 숟가락으로 떠 넣어 끓인다.

4. 재료가 어우러지도록 끓으면 참기름과 액젓, 다진 마늘, 소금, 후춧가루를 넣어 간을 맞춘다.

Tip

고추기름의 칼칼한 맛이 오징어, 순두부와 어울려 맛있다. 마른 새우도 함께 넣어 국물 맛이 더욱 진하다. 뚝배기에 넣어 끓이면 식탁에 놓여도 뜨거움이 오래 유지되므로 더욱 맛있게 즐길 수 있다.

주꾸미

주꾸미두반장볶음
주꾸미맑은국

주꾸미는 알을 가득 품고 있는 봄이 제철이다.
볶아도 좋고 찌개나 전골에 넣어도 좋다.
덮밥으로 만들어도 맛있다.

반찬 주꾸미두반장볶음

국물 주꾸미맑은국

주꾸미 두반장볶음

주꾸미	6마리
양파	1/2개
대파	1/2대
피망	1/4개
식용유	1큰술
두반장	1큰술
설탕	1/2큰술
맛술	1작은술
참기름	1작은술

Tip 주꾸미 빨판에 진흙이나 이물질이 끼어 있다면 밀가루를 조금 넣어 바락바락 주물러 씻은 후 헹구면 깔끔하다.

HOW TO

1. 주꾸미는 머리 부분에 칼집을 넣어 내장을 정리하고 끓는 물에 데친 후 4등분한다.

2. 양파는 손톱만 한 크기로 네모지게 자르고 대파는 2cm 길이로 자른다. 피망은 2cm 길이로 채 썬다.

3. 달군 팬에 식용유를 두르고 두반장과 설탕을 넣어 고루 섞은 후 주꾸미를 넣고 센 불에서 볶는다.

4. 주꾸미에 양념이 고루 배고 익으면 준비한 채소를 넣고 볶다가 맛술, 참기름을 넣어 맛을 더한다.

주꾸미 맑은국

주꾸미	6마리
무	1/6개
실파	1뿌리
멸치 육수(물 3+1/2컵+국물용 멸치 8마리)	3+1/2컵
국간장	1큰술
다진 마늘	1작은술
참기름	1/2큰술
통깨	1작은술
소금	조금

Tip 무채를 넣어 시원한 맛이 나는 맑은국이다. 무 대신 미나리나 배추, 콩나물 등의 채소를 넣어도 맛있다. 와사비 넣은 간장을 곁들여 찍어 먹어도 맛있다.

HOW TO

1. 주꾸미는 깨끗하게 손질해 끓는 물에 살짝 데쳐 다리를 가닥가닥 분리하듯 자른다.

2. 무는 껍질째 씻어 주꾸미와 비슷한 길이로 굵직하게 채 썬다. 실파는 송송 썬다.

3. 냄비에 멸치 육수를 부어 팔팔 끓으면 주꾸미와 무를 넣어 한소끔 더 끓인다.

4. 국간장과 다진 마늘, 참기름으로 맛을 내고 통깨를 뿌려 고소한 맛을 더한다. 모자라는 간은 소금으로 맞춘다. 송송 썬 실파를 얹는다.

국물 낙지전골

반찬 낙지볶음

낙지볶음
낙지전골

낙지는 타우린 성분이 풍부한 강장 식품 중 하나.
살아 있는 낙지는 잘게 다져 회로도 즐기지만 대부분 익혀서 먹는다.
낙지로 볶음 음식을 만들 때는 끓는 물에 살짝 데친 후 조리해야
완성 후 겉물이 생기지 않고 연한 맛을 즐길 수 있다.

낙지볶음

낙지 · · · · · · 2마리	식용유 · · · · · · 1큰술	설탕 · · · · · · 1작은술
양파 · · · · · · 1/4개	고춧가루 · · · · · · 1/2큰술	맛술 · · · · · · 1작은술
대파 · · · · · · 1/4대	간장 · · · · · · 1/2큰술	참기름 · · · · · · 1작은술
깻잎 · · · · · · 10장	다진 마늘 · · · · · · 1작은술	후춧가루 · · · · · · 조금

HOW TO

1. 낙지는 밀가루를 뿌려 조물조물 빨래 빨듯이 비벼 빨판에 묻은 이물질을 빼고 흐르는 물에 씻는다. 끓는 물에 넣어 살짝 데친 후 5cm 길이로 큼직하게 자른다.

2. 양파는 먹기 좋은 크기로 네모지게 자르고 대파는 3cm 길이로 길쭉하게 채 썬다. 깻잎은 길이로 채 썬다.

3. 달군 팬에 식용유를 두르고 고춧가루와 간장, 다진 마늘, 설탕, 맛술을 넣어 고루 섞는다.

4. 데친 낙지와 양파를 넣어 먼저 휘 섞다가 대파와 깻잎을 넣어 재빨리 볶는다. 참기름과 후춧가루로 맛과 향을 낸다.

Tip
데친 낙지라도 볶으면 오그라들 수 있다. 큼직하게 잘라야 먹음직스러운 데다 육즙이 덜 빠져나와 겉물이 생기지 않는다. 센 불에서 재빨리 볶는 것이 맛 내기 비결.

낙지전골

낙지 · · · · · · · · 2마리	멸치 육수(물 3컵+국물용 멸치 6마리) · · · · · · · · 3컵	설탕 · · · · · · · · 1작은술
애호박 · · · · · · · · 1/4개	간장 · · · · · · · · 2큰술	후춧가루 · · · · · · · · 조금
양파 · · · · · · · · 1/4개	참기름 · · · · · · · · 1/2큰술	액젓 · · · · · · · · 1큰술
당근 · · · · · · · · 1/6개	다진 마늘 · · · · · · · · 1작은술	
미나리 · · · · · · · · 8줄기		

HOW TO

1. 낙지는 밀가루를 뿌려 주물러 깨끗하게 손질해 5~6cm 길이로 자른다.

2. 낙지에 간장과 참기름, 다진 마늘, 설탕, 후춧가루를 넣어 양념해 잠시 재워둔다.

3. 애호박과 당근은 3cm 길이로 너무 두껍지 않게 네모지고 길쭉하게 자른다. 양파도 같은 길이로 채 썰고, 미나리도 같은 길이로 자른다.

4. 냄비에 준비한 재료를 빙 둘러가며 담고 멸치 육수를 부어 끓인다. 액젓으로 간한다.

Tip
낙지 밑간에 사용한 양념이 낙지뿐만 아니라 국물에도 우러나 시원하면서 감칠맛이 도는 전골을 즐길 수 있다.

반찬 멸치고추장볶음

국물 멸치달걀뚝배기탕

마른 멸치

멸치고추장볶음
멸치달걀뚝배기탕

멸치는 대표적인 밑반찬 재료 중 하나.
크기에 따라 맛과 조리법이 다른데
중간보다 조금 작은 크기의 멸치가 볶음용으로 좋다.
기름에 볶는 멸치볶음은 한꺼번에 너무 많이 만들어두면
산패될 수 있으므로 조리할 때 양에 신경 쓴다.

멸치고추장볶음

볶음용 멸치	1+1/2컵	설탕	1작은술
청양고추	2개	고추장	1큰술
식용유	2큰술	물엿	2작은술
맛술	1큰술	통깨	1작은술

HOW TO

1. 볶음용 멸치는 너무 잘거나 너무 굵지 않은 것으로 준비하고 청양고추는 송송 썬다.

2. 달군 팬에 식용유를 두르고 멸치를 먼저 넣어 기름이 배도록 볶는다.

3. 맛술과 설탕, 청양고추를 넣어 고루 섞어가면서 볶는다.

4. 고추장과 물엿을 넣어 고추장이 멸치와 고루 섞이고 윤기가 나게 볶다가 통깨를 넣어 고소한 맛을 더한다.

Tip
멸치는 짠맛이 진한 편. 흐르는 물에 씻어 짠맛을 뺀 후 조리해도 좋다. 짠맛이 나므로 조리할 때 간장이나 소금 등은 넣지 않거나 넣어도 적은 양만 넣어 색을 조금 내는 정도가 적당하다.

멸치달걀뚝배기탕

볶음용 멸치 ········ 1/2컵	실파 ············· 3뿌리
달걀 ············· 1개	국간장 ············ 1/2큰술
팽이버섯 ·········· 1/3봉지	다진 마늘 ········· 1작은술
멸치 육수(물 2+1/2컵+국물용 멸치 6마리) ······ 2+1/2컵	맛술 ············· 1작은술

HOW TO

멸치는 체에 담아 흐르는 물에 씻어 짠맛을 조금 뺀 후 물기를 빼고 굵직하게 다진다.

실파는 송송 썰고 팽이버섯은 밑동을 잘라내고 다시 반으로 자른다.

멸치와 실파, 팽이버섯을 담은 그릇에 달걀을 풀어 넣어 고루 섞는다.

뚝배기에 멸치 육수를 담고 한소끔 끓으면 달걀물에 섞은 멸치를 부어 달걀이 익도록 끓인다. 국간장과 다진 마늘, 맛술을 넣어 간을 맞춘다.

Tip

냉동실에 보관한 지 오래된 멸치를 이용해 끓이면 좋은 국. 냉동실에 오래 넣어둔 멸치는 수분이 마르고 짠맛이 진해 먹기도 그렇고 버리기도 아까운 경우가 많은데, 이럴 때 멸치를 한 번 씻은 뒤 달걀과 섞어 탕을 끓여보자. 멸치를 이용해 조리할 때는 멸치 자체에 짠맛이 있는 것을 염두에 두고 간을 맞춰야 한다.

북어보푸라기무침
북어채감자국

북어는 명태를 한겨울 바람과 햇살로 말린 것.
살이 보슬보슬해 그냥 먹어도 구수한 감칠맛이 좋다.
북어포는 양념장을 발라 굽고
북어채는 국을 끓이거나 무침을 하기에 좋다.

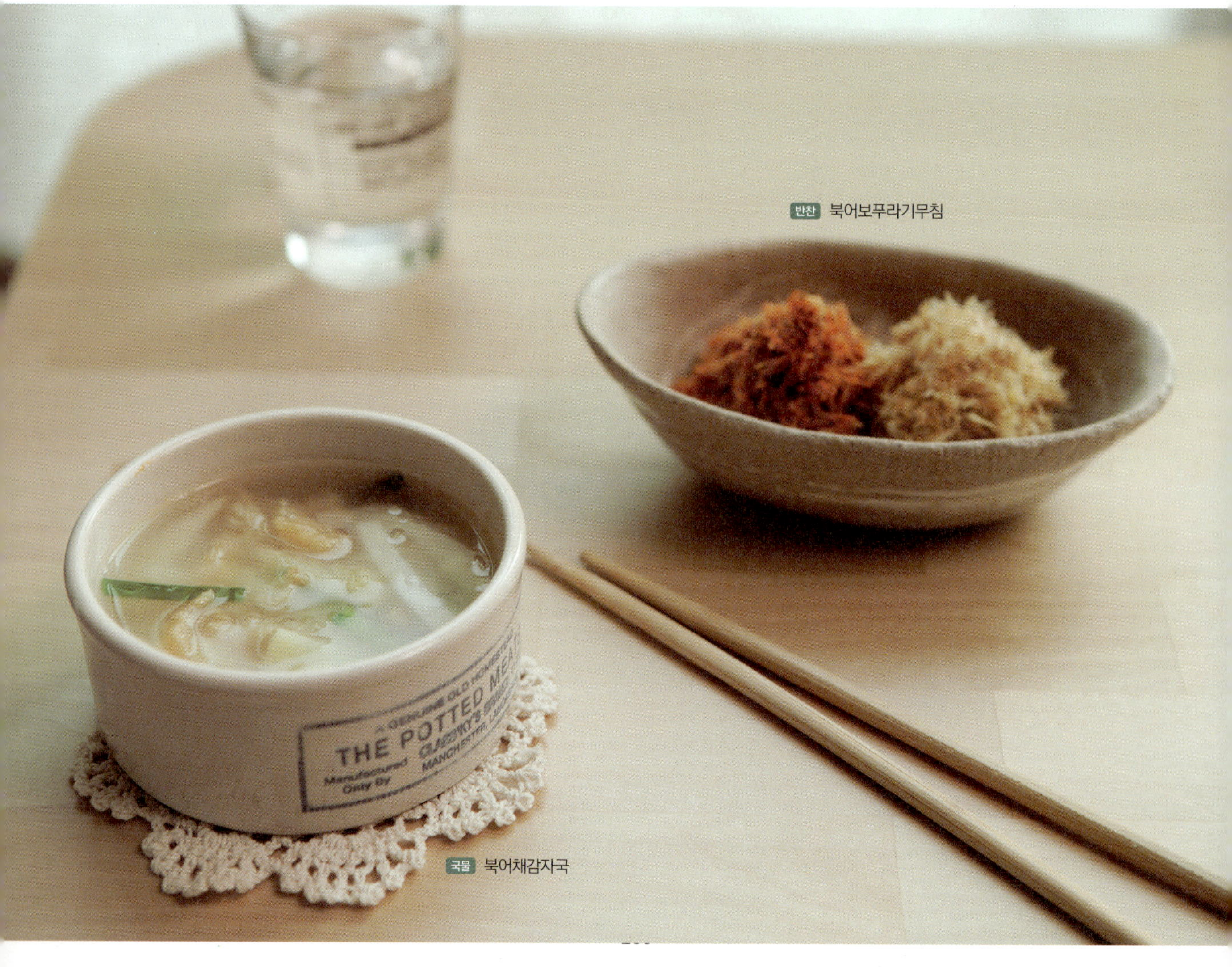

반찬 북어보푸라기무침

국물 북어채감자국

북어보푸라기 무침

북어채	50g
참기름	1큰술
간장	1/2큰술
고추장	1큰술
물엿이나 꿀	1큰술

HOW TO

1 북어채는 믹서에 넣어 가루가 되도록 간다.

2 믹서에 간 북어는 두 덩어리로 나누어 각각 그릇에 담는다.

3 한 그릇에는 참기름과 간장을 넣어 북어 보푸라기에 간이 고루 배도록 버무린다.

4 한 그릇에는 고추장과 물엿이나 꿀을 넣고 조물조물 무쳐 고추장이 골고루 배도록 버무린다.

Tip
밥반찬은 물론 주먹밥을 만들 때 넣어도 맛있다. 쌈장을 만들 때 넣으면 감칠맛을 더할 수 있고 국물 음식을 만들 때는 간칠맛을 내는 재료로도 좋다. 믹서에 갈아 냉동실에 보관해두면 멸치가루나 버섯가루처럼 요긴하게 사용할 수 있다.

북어채 감자국

북어채	30g
감자	1개
실파	3뿌리
물	3+1/2컵
들기름	1작은술
국간장	1작은술
액젓	1작은술
다진 마늘	1작은술
후춧가루	조금

HOW TO

1 북어채는 3cm 길이로 길이를 맞춰 긴 것은 자르고 짧은 것은 그대로 준비한다.

2 감자는 굵직하게 채 썰고 실파는 3cm 길이로 자른다.

3 달군 냄비에 들기름을 두르고 북어채와 감자채를 넣어 달달 볶다가 물을 붓고 팔팔 끓인다.

4 국간장과 액젓, 다진 마늘, 후춧가루를 넣어 맛을 낸다.

Tip
북어채로 국을 끓일 때 감자를 넣으면 국물이 뽀얗게 되면서 진한 맛을 얻을 수 있다. 감자는 굵직하게 채 썰어야 끓인 후 잘리거나 부서지는 것을 다소 피할 수 있다. 마지막에 달걀을 풀어 넣으면 영양 보충이 되는 것은 물론 맛도 좋다.

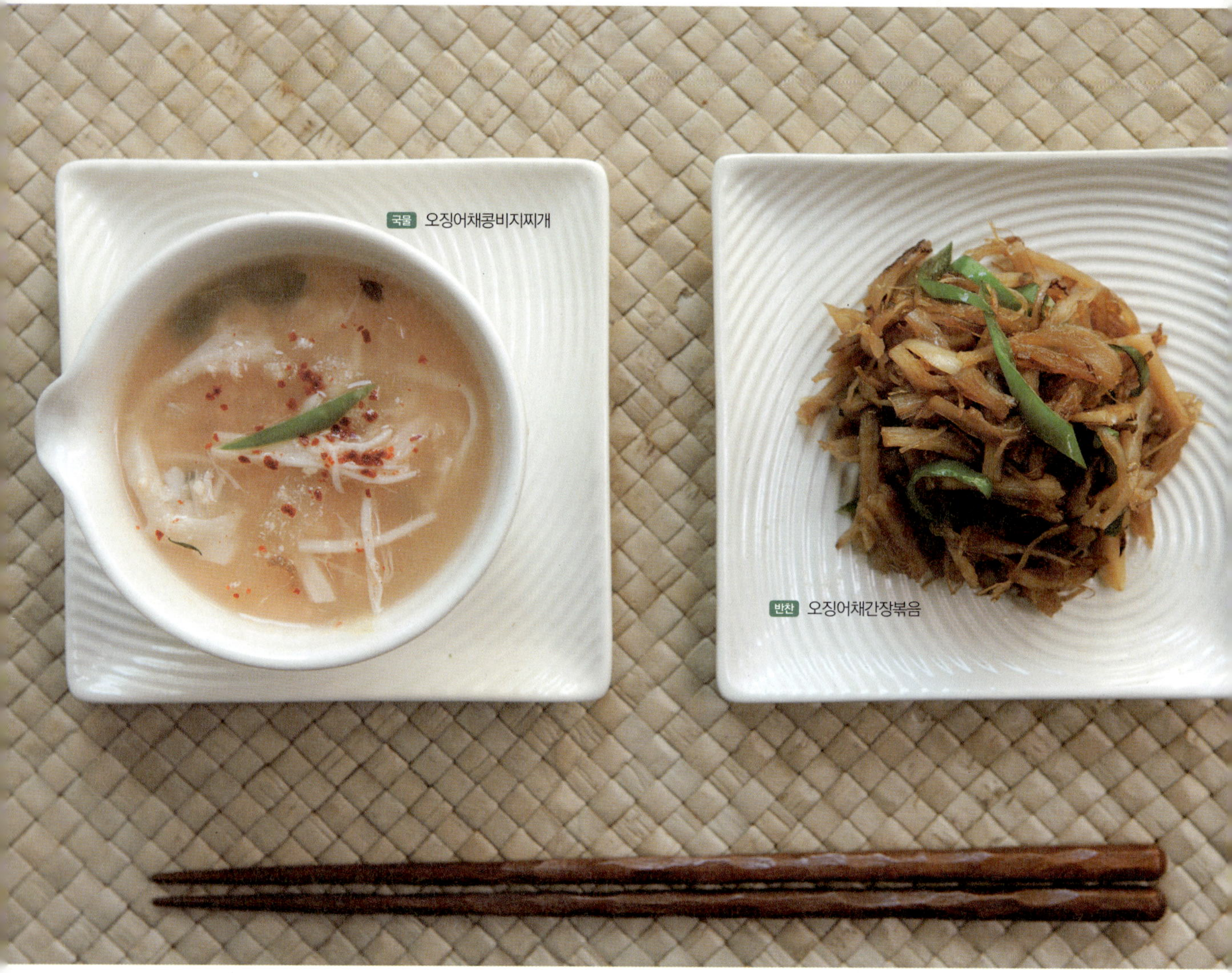

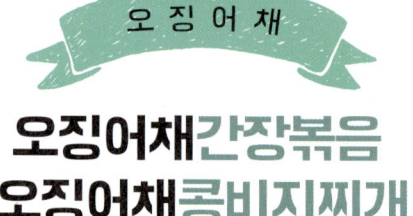

오징어채간장볶음
오징어채콩비지찌개

오징어채는 오징어를 잘게 잘라 약간의 양념을 한 것으로
다른 간 없이 그냥 먹어도 맛있다. 오징어채를 양념하면 밑반찬으로 그만인데
조리하기 전에 살짝 씻어 오징어채에 남아 있는
양념을 덜고 만들어야 깔끔하다.

오징어채 간장볶음

- 오징어채······················ 100g
- 통마늘······················ 10쪽
- 풋고추······················ 2개
- 식용유······················ 1큰술
- 간장························ 1큰술
- 맛술························ 1/2큰술
- 설탕························ 1작은술
- 다진 마늘··················· 1작은술
- 물엿························ 1작은술
- 통깨························ 조금

> **Tip**
> 간장 대신 고추장으로 간을 맞춰 볶아도 맛있다. 기름에 볶은 음식이라 오래 두면 산패되어 맛은 물론 영양도 떨어지므로 1주일 이내에 먹을 수 있는 만큼만 조리한다. 마늘채를 넉넉히 넣어 맛과 영양을 더한다.

HOW TO

오징어채는 흐르는 물에 살짝 씻어 물기를 뺀 후 2~3cm 길이로 자른다. 통마늘은 굵직하게 채 썰고 고추는 길쭉하게 채 썬다.

달군 팬에 식용유를 두르고 간장과 맛술, 설탕, 다진 마늘을 넣어 보글거리도록 끓인다.

2의 양념에 오징어채를 넣고 썰어놓은 마늘과 풋고추를 넣어 달달 볶는다. 마지막으로 물엿과 통깨를 넣어 고루 섞어가며 볶는다.

오징어채 콩비지찌개

- 오징어채······················ 40g
- 콩비지······················ 1/2컵
- 송송 썬 김치················ 1/4컵
- 대파························ 1/2대
- 멸치 육수(물 3컵+국물용 멸치 6마리)
- ··························· 3컵
- 국간장······················ 1큰술
- 다진 마늘··················· 1작은술
- 고춧가루···················· 조금

> **Tip**
> 콩비지에 김치를 넣어 찌개를 끓이면 구수한 맛이 돌아 맛있다. 여기에 다진 오징어채를 넣으면 씹는 맛이 느껴져 더욱 좋다. 콩비지를 만들거나 사기 어려우면 두부를 으깨거나 순두부를 넣어 끓인다.

HOW TO

오징어채는 흐르는 물에 씻어 물기를 빼고 곱게 다진다. 대파는 어슷하게 썰고 송송 썬 김치를 준비한다.

냄비에 멸치 육수를 붓고 한소끔 끓으면 콩비지와 송송 썬 김치를 넣어 한소끔 끓인다.

오징어채와 대파를 넣고 중불에서 넘치지 않도록 끓인다. 국간장과 다진 마늘로 간을 맞추고 마지막에 고춧가루를 뿌려 칼칼한 맛을 더한다.

국물 김새우살국

반찬 김부각

김부각
김새우살국

단백질과 비타민이 풍부한 김은 겨울이 제철로
겨울철 비타민 공급원으로 좋은 식품이다.
김에 들어 있는 단백질은 소화·흡수가 잘된다.
김을 구울 때는 타지 않게 해야 특유의 풍미를 살릴 수 있다.

김부각

김⋯⋯⋯⋯⋯ 8장	통깨⋯⋯⋯⋯⋯ 3큰술
찹쌀가루⋯⋯⋯ 5큰술	소금⋯⋯⋯⋯⋯ 조금
물⋯⋯⋯⋯⋯ 1컵	식용유⋯⋯⋯⋯ 5큰술

HOW TO

1. 찹쌀가루를 냄비에 담고 물을 붓고 거품기로 멍울이 없도록 저은 후 불에 올려 찹쌀풀을 만든다. 이때 소금을 조금 넣는다.

2. 김을 도마에 놓고 찹쌀풀을 바르고 통깨를 뿌린다. 이때 가장자리까지 꼼꼼하게 발라야 끝부분이 말리는 것을 피할 수 있다. 김이 얇을 경우 찹쌀풀을 바르고 김을 한 장 더 얹어 두 장을 겹쳐 바른다.

3. 채반에 겹치지 않게 널어 바람이 잘 통하는 곳에서 반나절 정도 말린다.

4. 마른 김은 4~6조각이 되도록 조리용 가위로 잘라 끓는 기름에 하나씩 넣어 튀긴다.

Tip

김부각을 만들 때 김은 조금 오래되고 눅눅해진 것을 사용해도 된다. 찹쌀풀을 만들 때 물 대신 육수를 넣고 끓이면 더욱 맛있다. 튀겨서 오래 두면 산패되므로 하루 이틀 먹을 분량만 튀겨서 그릇에 담아놓는다.

김새우살국

김	5장	멸치 육수(물 3+1/2컵+국물용	
새우 살	40g	멸치 6마리)	3+1/2컵
팽이버섯	1/3봉지	다진 마늘	1작은술
당근	1/6개	참기름	1작은술
액젓	1큰술	맛술	1작은술

HOW TO

1. 김은 굵직하게 부숴 액젓과 다진 마늘, 참기름, 맛술을 넣어 버무린다.

2. 새우 살은 씻어 물기를 빼고, 팽이버섯은 3cm 길이로 자르고, 당근도 비슷한 길이로 채 썬다.

3. 육수를 냄비에 담고 새우 살과 버섯, 당근을 넣어 팔팔 끓인다.

4. 양념한 김을 넣어 팔팔 끓인다.

> **Tip**
> 김국은 자주 해 먹진 않지만 굴이나 무를 넣어 끓이면 시원하면서 김 특유의 향이 돌아 별미 요리가 된다. 김을 부숴 먼저 양념을 하면 김의 비릿한 맛을 다소 누그러뜨릴 수 있다.

국물 미역된장국

반찬 미역초무침

미 역

미역초무침
미역된장국

칼슘이 풍부한 미역은 강한 알칼리성식품으로
밥을 주식으로 하는 우리네 식탁에 영양적으로 잘 맞는다.
알긴산이라는 미끌미끌한 성분은 장의 기능을 돕는 식이성섬유다.
생미역이 나는 겨울에는 생미역을 이용해 조리하고
제철이 아닐 때는 마른미역을 불려 다양하게 조리해 먹으면
살찔 걱정도 덜고 영양의 균형도 이뤄 좋다.

미역초무침

생미역이나 마른미역 불린 것 ············ 1+1/2컵
당근 ············ 1/6개
양파 ············ 1/4개
오이 ············ 1/3개
식초 ············ 2큰술
설탕 ············ 2큰술
맛술 ············ 1작은술
통깨 ············ 1큰술
소금 ············ 조금

HOW TO

생미역은 끓는 물에 살짝 데쳐서 먹기 좋게 자른다. 불린 미역은 데치는 과정 생략하고 먹기 좋은 크기로 자른다.

당근과 양파, 오이는 반달 모양으로 자른다.

식초와 설탕, 맛술, 통깨, 소금을 넣어 고루 섞는다.

미역과 당근, 양파, 오이를 넣어 고루 버무린다.

Tip
보통 새콤달콤한 맛을 낼 때 식초와 설탕을 동량으로 넣는데 신맛이 더 강할 수 있다. 이럴 때는 설탕 양을 조금 더 늘려도 된다. 소금 대신 간장으로 맛을 내도 맛있다.

미역된장국

생미역이나 마른미역 불린 것
· 1컵
마른 새우 · · · · · · · · · 10마리

물 · · · · · · · · · · · · · · · · · 3+1/2컵
된장 · · · · · · · · · · · · 1+1/2큰술

HOW TO

생미역은 씻어 먹기 좋은 크기로 자른다. 끓일 것이므로 따로 데치지 않아도 된다. 마른미역은 불려 먹기 좋은 길이로 자른다.

냄비에 마른 새우와 물을 넣고 팔팔 끓인다.

미역을 넣어 10분 정도 센 불에서 팔팔 끓인다.

된장을 풀고 5분 정도 더 끓인다.

> *Tip*
> 제철 생미역은 주로 무침이나 쌈으로 즐기는 경우가 많은데 된장 푼 물에 넣어 국을 끓여도 맛있다. 이때는 된장만 풀고 양파나 파, 다진 마늘 등 다른 양념은 넣지 않는 것이 깔끔하다.

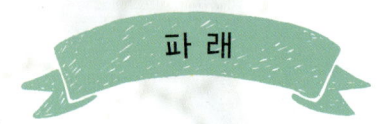

파래

파래무생채
파래옹심이국

파래는 해초 특유의 풍미가 진해 음식으로 조리해놓으면 밥맛을 돋운다.
대개 무침으로 먹지만 전을 부쳐도 맛있고
탕이나 국에 넣어 먹어도 시원한 맛이 일품이다.

국물 파래옹심이국

반찬 파래무생채

파래무생채

파래	80g
무	1/8개
당근	1/6개
간장	1/2큰술
설탕	2작은술
식초	1작은술
물엿	1작은술
통깨	1큰술

Tip
파래를 데칠 때는 끓는 물에 넣었다가 재빨리 건져 헹군다. 무와 당근을 첨가하면 아삭하게 씹히는 맛과 새콤한 맛이 어우러져 맛있다.

HOW TO

파래는 맑은 물에 씻어 끓는 물에 살짝 데친 뒤 헹군다.

무와 당근은 곱게 채 썬다.

그릇에 간장과 설탕, 식초, 물엿, 통깨를 넣어 고루 섞고 무와 당근을 넣어 무친다.

데친 파래의 물기를 충분히 짠 후 **3**의 양념에 넣어 버무린다.

파래옹심이국

파래	80g
감자	2개
밀가루	1/4컵
멸치 육수(물 4컵+국물용 멸치 8마리)	4컵
액젓	1큰술
다진 마늘	1작은술
통깨	1큰술
소금	조금

Tip
감자 옹심이 대신 냉동 찹쌀 새알심을 넣어도 맛있다. 떡국 떡이나 떡볶이 떡을 넣어도 좋다. 파래 대신 미역국이나 매생이로 끓이는 국에 넣어도 어울린다.

HOW TO

파래는 맑은 물에 씻어 물기를 짠다.

감자는 강판에 갈아 체에 밭쳐 물기를 뺀 뒤 밀가루와 소금을 넣고 되직하게 반죽해 동그랗게 모양을 만든다.

멸치 육수를 냄비에 담고 한소끔 끓으면 파래를 먼저 넣어 끓인다.

파래 향이 나면서 끓으면 **2**의 감자 옹심이를 넣어 동동 떠오르면서 익을 때까지 끓인다. 액젓과 다진 마늘을 넣어 간을 맞춘다. 그릇에 담고 통깨를 뿌린다.

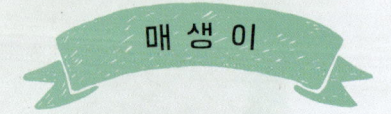

매생이전
매생이대구살국

매생이는 맑은 물에서만 채취되는 해초로
파래나 미역에 비해 훨씬 귀한 식재료다. 제철일 때 넉넉히 구입하여
냉동실에 넣어두면 일 년 내내 요긴하게 쓸 수 있다.

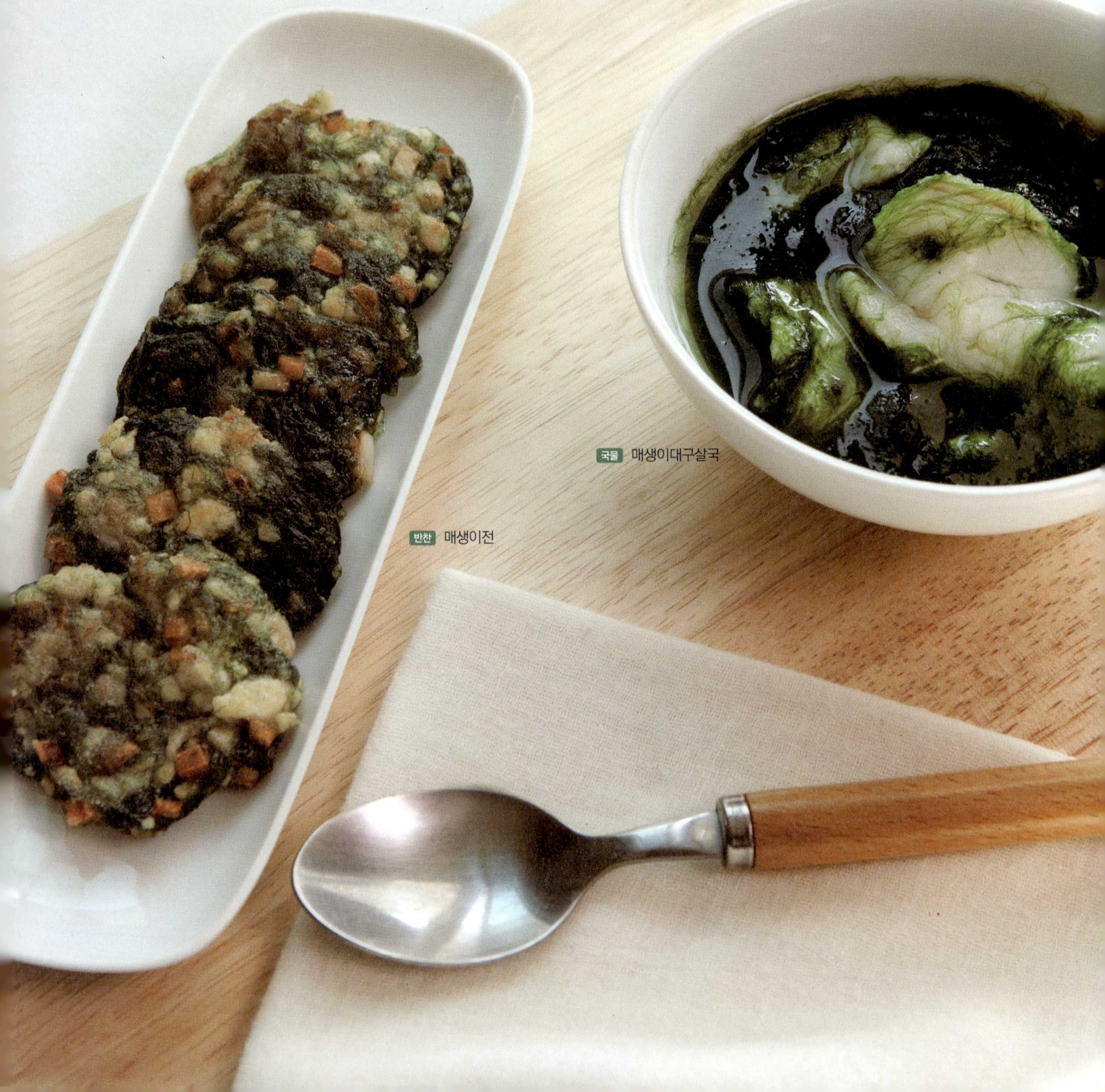

반찬 매생이전

국물 매생이대구살국

매생이전

매생이	80g
밀가루	1/2컵
두부	1/4모
당근	1/6개
새송이버섯	1/2개
물	1/2컵
식용유	3큰술
액젓	1큰술

> **Tip**
> 매생이로 전을 부치면 평소 매생이를 잘 안 먹던 아이나 입 짧은 사람도 호기심에 먹어보게 된다. 두부를 넣으면 밀가루로만 만든 것보다 맛있다. 두부 대신 콩가루를 넣어도 좋다.

HOW TO

1. 매생이는 맑은 물에 씻어 물기를 뺀다.

2. 두부는 곱게 으깨고 당근과 버섯은 굵직하게 다진다.

3. 넓은 그릇에 밀가루를 담고 두부와 당근, 버섯을 넣은 후 물을 붓고 고루 섞어 반죽한다. 액젓으로 간을 맞춘다.

4. 달군 팬에 기름을 조금씩 두르고 먹기 좋은 크기로 전을 부친다.

매생이대구살국

매생이	100g
대구 살	120g
멸치 육수(물 4컵+국물용 멸치 8마리)	4컵
액젓	1큰술
다진 마늘	1작은술
맛술	1작은술
소금	조금

> **Tip**
> 요즘 들어 매생이를 활용한 음식을 파는 곳이 많이 생겼다. 갈비탕이나 떡국, 해물전골 등에 매생이를 넣어 맛과 향을 더하는데 열을 오래 간직해 한 그릇 다 비우도록 국물이 뜨겁다. 집에서도 쇠고기나 닭고기, 새우 살 등을 넣어 다양하게 조리할 수 있다.

HOW TO

1. 매생이는 맑은 물에 씻어 물기를 뺀다.

2. 대구 살은 포 떠서 냉동해 파는 것으로 준비해 녹여서 물기를 짠다. 혹시나 있을지 모르는 가시를 잘 발라낸다.

3. 멸치 육수를 냄비에 담고 한소끔 끓이다가 매생이를 넣어 끓인다.

4. 매생이가 팔팔 끓으면 대구 살을 넣어 끓인다. 대구 살이 익으면서 살이 부서져 국물에 전체적으로 맛이 퍼진다. 액젓과 다진 마늘, 맛술, 소금으로 간을 맞춘다.

톳된장나물
톳돼지고기찌개

톳은 씹는 맛이 좋고 섬유질이 많다.
톳을 넣고 밥을 짓기도 하고 된장국에 넣어 먹기도 한다.
된장이나 고추장 등 어떤 양념을 해도 두루 잘 어울린다.
파래나 매생이에 비해 해초 특유의 향이 덜한 편이라
다양한 요리로 활용하기 좋다.

반찬 톳된장나물

국물 톳돼지고기찌개

톳된장나물

톳	150g
양파	1/4개
팽이버섯	1/2봉지
꽈리고추	4개
된장	1+1/2큰술
설탕	1작은술
들기름	2작은술
들깻가루	1작은술
맛술	1작은술

Tip
양파와 버섯을 살짝 데쳐 무치면 겉물이 생기지 않고 간도 더 잘 밴다. 들기름과 들깨를 넣어 무치면 은은한 향이 도는 건강 반찬이 된다.

HOW TO

1. 톳은 끓는 물에 넣어 살짝 데친 후 긴 것은 먹기 좋은 크기로 자른다.

2. 양파는 굵직하게 채 썰고 팽이버섯은 밑동을 자른다. 꽈리고추는 반으로 자른다.

3. 끓는 물에 양파와 팽이버섯, 고추를 넣어 살짝 담갔다가 건져 물기를 뺀다.

4. 넓은 그릇에 된장과 설탕, 들기름, 들깨, 맛술을 넣어 고루 섞은 후 톳과 양파, 버섯, 고추를 넣어 무친다.

톳돼지고기찌개

톳	100g
돼지고기 목심	80g
감자	1개
양파	1/4개
물	4컵
참기름	2작은술
고추장	1/2큰술
고춧가루	1/2큰술
다진 마늘	1작은술
후춧가루	조금
액젓	1큰술

Tip
돼지고기를 넣어 찌개를 끓일 때 양파와 함께 감자를 넣으면 감자가 푹 익으면서 퍼져 국물 맛을 좋게 하고 돼지고기 특유의 누린내도 가시게 한다. 고추장과 고춧가루를 동량으로 넣고 끓이면 칼칼한 맛이 더 살아난다.

HOW TO

1. 톳은 씻어 물기를 빼고 먹기 좋은 크기로 자른다.

2. 돼지고기 목심은 손톱만 한 크기로 자르고 감자와 양파는 고기보다는 조금 크게 네모지게 자른다.

3. 냄비에 참기름을 두르고 톳과 돼지고기, 감자, 양파를 넣어 달달 볶다가 물을 붓고 끓인다.

4. 고추장과 고춧가루, 다진 마늘, 후춧가루로 맛을 내고 액젓으로 간을 맞춘다.

PART 4

통조림은 한 번 열면 빠른 시일 안에 먹는 것이 좋지요. 하지만 양이 좀 많은 것은 혼자 살거나 식구 수가 적은 가정에선 한꺼번에 다 먹기가 쉽지는 않죠. 이럴 때 필요한 것이 약간의 아이디어! 옥수수 통조림 반 개로 옥수수탕을 끓였다면 남은 것은 빵가루나 밀가루를 조금 더해 전을 한번 부쳐보세요. 같은 옥수수로 만든 것인데 맛은 참 다르답니다. 냉장고에 앉아 있다 버려지는 햄, 통조림 재료 활용법, 이제부터 소개합니다.

가공식품을 부탁해
PROCESSED FOOD

통조림 한 통, 두 가지 음식

국물 두부구이맑은탕

반찬 두부조림

두부

두부조림
두부구이맑은탕

두부는 콩에 들어 있는 영양소는 그대로 갖고 있으면서
소화·흡수는 더 잘되는 장점이 있다. 보관할 때는
물에 담가 냉장고에 보관해야 맛이 그대로 유지된다.
요즘에는 검은콩이나 깨 등의 재료를 더한
이색 두부도 많이 판매되고 있다.

두부조림

두부 ⋯⋯⋯⋯⋯ 1/2모	고춧가루 ⋯⋯⋯⋯ 1작은술
대파 ⋯⋯⋯⋯⋯ 1/2대	다진 마늘 ⋯⋯⋯ 1작은술
물 ⋯⋯⋯⋯⋯⋯ 1/2컵	설탕 ⋯⋯⋯⋯⋯ 1작은술
식용유 ⋯⋯⋯⋯ 1큰술	참기름 ⋯⋯⋯⋯ 1작은술
간장 ⋯⋯⋯⋯⋯ 1/2큰술	

HOW TO

1. 두부는 2×3cm 크기로 도톰하게 썬다.

2. 대파는 송송 썬다.

3. 달군 팬에 식용유를 두르고 두부를 겹치지 않게 놓고 간장과 고춧가루, 다진 마늘, 설탕, 참기름을 얹는다.

4. 팬 가장자리로 물을 붓고 중불에서 양념이 고루 배어들도록 조린다. 파를 얹어 맛을 낸다.

Tip
두부를 구워 양념장을 바르거나 찍어 먹어도 맛있지만 두부에 양념과 물을 부어 조리면 두부의 부드러운 맛이 그대로 느껴져 좋다.

두부구이맑은탕

두부	1/2모	참기름	1작은술
가쓰오부시	1줌	쯔유	3큰술
새송이버섯	1/2개	다진 마늘	1/2작은술
물	3컵	후춧가루	조금

HOW TO

두부는 사방 2~3cm 크기로 주사위 모양으로 잘라 물기를 닦는다. 새송이버섯은 3cm 길이로 굵직하게 채 썬다.

팬에 참기름을 두르고 두부를 넣어 돌돌 굴려가며 노릇하게 굽는다.

냄비에 물을 붓고 끓이다가 가쓰오부시를 넣고 1분 후 건진다.

그 물에 두부와 버섯을 넣어 한소끔 더 끓인다. 쯔유와 다진 마늘, 후춧가루를 넣어 맛을 낸다.

> *Tip*
> 두부를 큼직하게 잘라 겉면이 좀 단단해진다 싶게 노르스름하게 구우면 국물에 넣어 끓여도 부서지지 않고 고소한 맛도 함께 즐길 수 있다.

반찬 당면쇠고기볶음

국물 당면배추쌈전골

당면쇠고기볶음
당면배추쌈전골

고구마나 감자 전분으로 만든 당면은
쫄깃한 맛이 나 잡채는 물론 만두소에 넣어도 맛있고,
찌개나 탕 등에 넣으면 건져 먹는 재미가 있다.
물에 담가 충분히 불리면 따로 삶지 않고 볶아도
간이 잘 배고 쫄깃한 맛이 산다.

당면쇠고기볶음

당면	100g
쇠고기 다리살	150g
양파	1/2개
실파	4뿌리
식용유	2큰술
간장	1큰술
굴소스	2작은술
설탕	1작은술
맛술	2작은술
후춧가루	조금
통깨	조금

Tip
쇠고기에서 육즙이 나오면서 익기 시작할 때 불린 당면을 넣으면 당면에 맛이 배어 잘 어우러진다. 육수를 끓여 간장과 참기름 등으로 맛을 낸 국물을 끼얹으면 잡채덮밥으로도 즐길 수 있다.

HOW TO

1. 당면은 30분 이상 물에 담가 불린 후 먹기 좋은 길이로 너무 길지 않게 자른다.

2. 쇠고기는 너무 굵지 않게 채 썬다. 양파와 실파도 쇠고기와 비슷한 길이로 자른다.

3. 쇠고기를 그릇에 담고 간장과 굴소스, 설탕, 맛술, 후춧가루, 통깨를 넣어 고루 섞는다.

4. 달군 팬에 식용유를 두르고 양파를 먼저 볶다가 양념한 쇠고기를 넣어 볶는다. 쇠고기가 익기 시작하면 당면을 넣어 투명하게 익도록 볶는다. 실파를 넣어 색을 더한다.

당면배추쌈전골

당면	50g
배추잎	6장
베이컨	3장
멸치 육수(물 3컵+국물용 멸치 6마리)	3컵
국간장	1+1/2큰술
다진 마늘	1작은술
맛술	1작은술
후춧가루	조금

Tip
배추잎 대신 배추김치로 싸서 만들어도 맛있다. 이렇게 만들면 조금 번거롭긴 해도 맑은 국물과 함께 건져 먹는 재미가 있다. 베이컨 대신 새우살, 돼지고기 등을 넣어도 좋다.

HOW TO

1. 당면은 끓는 물에 투명하게 삶아 건진 뒤 먹기 좋게 자른다.

2. 배추잎은 끓는 물에 부드러워지도록 삶아 찬물에 헹군 뒤 흰 줄기는 잘라서 송송 썰고 잎부분만 준비한다.

3. 베이컨은 1cm 폭으로 자른다.

4. 배추잎에 당면과 베이컨을 적당히 올리고 잘 감싼다. 냄비 바닥에 배추잎의 흰 줄기를 편평히 깔고 배추잎에 싼 당면을 빙 둘러 담고 육수를 부어 끓인다. 국간장과 다진 마늘, 맛술, 후춧가루로 간을 맞춘다.

PROCESSED FOOD

도토리묵

도토리묵무침
도토리묵김치말이

도토리묵은 칼로리가 낮아 다이어트에 좋지만
타닌 성분이 있어 변비가 있는 사람은 적게 먹어야 한다.
도토리묵을 채 썰어 밥 위에 얹은 묵밥은 별미로 즐기기에 좋고
도토리가루로 옹심이를 만들거나 전을 부쳐도 맛있다.

반찬 도토리묵무침

국물 도토리묵김치말이

PROCESSED FOOD

도토리묵 무침

도토리묵·················· 1/2모
쑥갓····················· 50g
오이····················· 1/4개
간장····················· 1큰술
참기름··················· 1/2큰술
다진 마늘················ 1작은술
맛술····················· 1작은술
설탕····················· 1작은술
통깨····················· 1큰술

Tip
도토리묵은 이렇다 할 향이 없어 쑥갓처럼 향이 진한 채소와 무치면 잘 어울린다. 간장에 참기름과 통깨를 더해 만든 양념장이 도토리묵에 은은하게 배어들어 맛있다.

HOW TO

1. 도토리묵은 2×4cm 크기로 너무 도톰하지 않게 네모지게 자른다.

2. 쑥갓은 씻어 3cm 길이로 자른다. 오이는 반달 모양으로 썬다.

3. 넓은 그릇에 간장과 참기름, 다진 마늘, 맛술, 설탕, 통깨를 넣어 고루 섞어 양념을 만든다.

4. 양념장에 도토리묵과 쑥갓, 오이를 넣어 고루 버무린다.

도토리묵 김치말이

도토리묵·················· 1/2모
송송 썬 김치············· 1컵
구운 김·················· 1장
멸치 육수(물 2컵+국물용 멸치 4~5마리)···················· 2컵
국간장··················· 1큰술
참기름··················· 1/2큰술
설탕····················· 2작은술
식초····················· 1작은술
맛술····················· 1작은술
통깨····················· 1/2큰술

Tip
김치는 약간 신맛이 나야 도토리묵과 어울려 맛있다. 육수에 설탕과 식초를 조금 더하면 입맛을 돋운다.

HOW TO

1. 도토리묵은 나무젓가락 굵기에 3cm 길이로 채 썬다.

2. 구운 김은 조리용 가위로 2cm 길이로 채 썰듯 자른다.

3. 멸치 육수에 국간장과 참기름, 설탕, 식초, 맛술을 넣어 고루 섞는다. 냉동실에 넣어 살얼음이 낄 정도로 살짝 얼린다.

4. 그릇에 도토리묵과 송송 썬 김치를 담고 양념한 육수를 붓고 통깨와 채 썬 김을 올린다.

국물 순두부찌개

반찬 순두부찜

순두부찜
순두부찌개

콩을 갈아 끓인 뒤 간수를 넣어 굳힌 것은 두부,
간수를 넣지 않고 그대로 익혀 건진 것이 순두부다.
부드럽고 고소한 맛이 좋아 별다른 조리 없이
간장이나 데리야키소스를 조금 뿌려 그냥 먹어도 맛있다.

순두부찜

순두부·············· 1+1/2컵
마(중)············· 1/3개
새우 살 ············· 30g
쯔유············· 1+1/2큰술
가쓰오부시············· 1줌

HOW TO

1. 순두부를 작은 그릇에 1인분씩 나눠 담는다.

2. 마는 껍질을 벗겨 강판에 갈고 새우 살은 씻는다.

3. 순두부에 마 간 것과 새우 살을 올리고 전자레인지에 강으로 1분 30초 돌리거나 찜통에 넣어 10분 정도 찐다. 새우 살만 잘 익을 정도면 된다.

4. **3**의 순두부찜에 쯔유와 가쓰오부시를 얹는다.

> *Tip*
> 간단하면서 깔끔한 음식이라 아침 식사로 좋다. 마는 그냥 먹어도 되므로 새우 살만 익히는 정도로 조리하면 되기 때문에 조리 시간도 짧은 건강식. 마가 없으면 달걀을 깨트려 얹어도 든든하다.

순두부찌개

순두부 · · · · · · · · · · · · · · · · 2컵	다진 마늘 · · · · · · · · · 1작은술
송송 썬 김치 · · · · · · · · 1/2컵	물 · 3컵
바지락 살 · · · · · · · · · · · 1/4컵	액젓 · · · · · · · · · · · · · · · · 1/2큰술
대파 · · · · · · · · · · · · · · · · 1/4대	후춧가루 · · · · · · · · · · · · · 조금
참기름 · · · · · · · · · · · · 1/2큰술	

HOW TO

1. 바지락 살은 맑은 물에 헹구고 대파는 송송 썬다.

2. 뚝배기나 작은 냄비에 참기름을 두르고 김치와 바지락 살, 다진 마늘을 넣어 달달 볶는다.

3. 물을 붓고 한소끔 끓이다가 순두부를 크게 떠 넣는다.

4. 액젓과 후춧가루로 간을 맞추고 대파를 넣는다.

> **Tip**
> 요즘에는 순두부찌개용 양념을 팔고 있으니 맛 내기가 자신 없으면 조금 섞는 것도 방법이다. 순두부는 의외로 간을 맞추기가 어렵다. 맛이 잘 밴 신 김치를 썰어 참기름에 볶다가 순두부를 넣어 끓이면 맛 내기가 조금은 쉬워진다.

국물 콩비지묵은지찌개

콩비지

콩비지채소전
콩비지묵은지찌개

콩비지는 두부를 만들고 남은 것.
콩을 삶아 믹서에 갈아서 비지처럼 만들면 영양과 맛이 더 좋은데
요즘에는 콩을 갈아 만든 시판 제품도 나온다.
두부를 만들고 남은 부속물이라고 할 수 있는 콩비지에는
두부에 없는 식이섬유와 미네랄이 들어 있다.

콩비지채소전

콩비지	1컵	달걀	1개
당근	1/5개	식용유	2큰술
애호박	1/5개	소금	조금
고추	2개	후춧가루	조금

HOW TO

1. 당근과 호박, 고추는 굵직하게 다진다.

2. 그릇에 콩비지와 다진 채소를 넣고 소금과 후춧가루로 간한다.

3. 반죽에 달걀을 넣어 고루 섞는다.

4. 달군 팬에 식용유를 두르고 콩비지 반죽을 한 숟가락씩 떠 넣어 앞뒤로 뒤집어가며 전을 부친다.

Tip
채소 외에 송송 썬 김치나 다진 돼지고기를 넣어 전을 부쳐도 맛있다. 새콤하게 양념한 간장을 곁들이면 좋다.

콩비지 묵은지찌개

콩비지 · · · · · · · · · · 1컵	들기름 · · · · · · · · · 2작은술
삼겹살 · · · · · · · · · · 100g	액젓 · · · · · · · · · · · 1큰술
양파 · · · · · · · · · · · · 1/4개	다진 마늘 · · · · · · · 1작은술
물 · · · · · · · · · · · · · · 4컵	맛술 · · · · · · · · · · · 1작은술
씻어 송송 썬 묵은지 · · · 1/2컵	후춧가루 · · · · · · · · · 조금

HOW TO

1. 삼겹살과 양파는 굵직하게 다진다.

2. 냄비에 들기름을 두르고 삼겹살과 양파를 넣어 볶다가 물을 붓고 한소끔 끓인다.

3. 묵은지를 넣어 센 불에서 서로 어우러지게 끓인다.

4. 콩비지를 숟가락으로 떠 넣고 한소끔 끓이다가 액젓과 다진 마늘, 맛술, 후춧가루로 간을 맞춘다.

Tip

묵은지는 씻어도 맛있어서 찌개에 넣어도 좋고 들기름에 무쳐 먹거나 쌈밥을 만들어도 좋다. 콩비지와 함께 끓이면 부드러운 콩비지와 묵은지의 씹는 맛이 잘 어울린다.

PROCESSED FOOD

어묵볶음
어묵꼬치우동

어묵은 간식으로, 반찬으로, 탕으로 다양하게 쓸 수 있다.
요즘에는 어묵에 쓰인 생선이나 부재료에 따라
맛의 차이도 크고 종류가 다양해 선택의 폭이 넓다.
유통기한을 잘 보고 구입해 조리한다.

국물 어묵꼬치우동

반찬 어묵볶음

어묵볶음

- 모둠 어묵 · · · · · · · · · · · · · · · · · 200g
- 양파 · 1/4개
- 꽈리고추 · · · · · · · · · · · · · · · · · · · 3개
- 대파 · 1/4대
- 식용유 · · · · · · · · · · · · · · · · · · · 1큰술
- 간장 · · · · · · · · · · · · · · · · · · · 1/2큰술
- 맛술 · · · · · · · · · · · · · · · · · · · 1작은술
- 설탕 · · · · · · · · · · · · · · · · · · · 1작은술
- 다진 마늘 · · · · · · · · · · · · · · · 1작은술
- 후춧가루 · · · · · · · · · · · · · · · · · · 조금

HOW TO

어묵은 먹기 좋은 크기로 자른다.

양파는 손톱만 한 크기로 네모지게 자르고 꽈리고추는 3등분한다. 대파는 2cm 길이로 자른다.

달군 팬에 식용유와 간장, 맛술, 설탕, 다진 마늘을 넣어 보글보글 끓인다.

어묵과 양파를 넣어 고루 섞어가면서 볶다가 꽈리고추와 대파를 넣고 섞으면서 볶는다. 후춧가루로 향을 더한다.

> **Tip**
> 물기 없는 마른 재료를 볶을 때 양념 재료를 먼저 한데 담아 섞으면서 애벌로 볶으면 양념끼리 서로 어우러져 간이 고루 돌게 할 수 있다. 이때 불의 세기는 중불이 적당. 어묵 자체에 간이 있으므로 너무 짜지지 않게 조절한다.

어묵꼬치우동

- 모둠 어묵 · · · · · · · · · · · · · · · · · 150g
- 우동 면 · · · · · · · · · · · · · · · · · 1봉지
- 당근 · 1/6개
- 멸치 육수(물 3+1/2컵+국물용 멸치 5마리) · · · · · · · · · · · · · · · · 3+1/2컵
- 쯔유 · · · · · · · · · · · · · · · · · · 2+1/2큰술
- 맛술 · · · · · · · · · · · · · · · · · · · 1작은술
- 후춧가루 · · · · · · · · · · · · · · · · · · 조금

HOW TO

어묵은 한 입 크기로 잘라 꼬치에 꿴다.

당근은 너무 길지 않게 채 썬다.

냄비에 육수를 담고 한소끔 끓으면 꼬치에 꿴 어묵을 넣어 부드러워지도록 먼저 끓인다.

마지막으로 우동 면과 당근을 넣은 뒤 쯔유로 간을 맞추고 맛술과 후춧가루로 맛을 낸다.

> **Tip**
> 와사비를 넣은 간장을 곁들여 어묵과 우동을 찍어 먹으면 맛있다. 삶은 달걀을 넣어 함께 먹으면 속이 든든하다.

반찬 베이컨감자채볶음

국물 베이컨말이스튜

베이컨

베이컨감자채볶음
베이컨말이스튜

베이컨은 얄팍하게 슬라이스한 것이 많은데
구우면 기름기가 빠지면서 고소한 맛이 남아 맛있다.
구울 때 풍미가 좋아서 바삭하게 구워 다져서
수프나 샐러드 고명으로 얹어도 손색없다.

PROCESSED FOOD

베이컨 감자채볶음

- 베이컨·················· 6장
- 감자·················· 1/2개
- 양파·················· 1/4개
- 마늘·················· 6쪽
- 실파·················· 1뿌리
- 식용유나 올리브오일 ······ 2큰술
- 소금·················· 조금
- 후춧가루··············· 조금

> **Tip**
> 베이컨에서 짭짤한 맛이 나므로 소금은 아주 조금만 넣거나 넣지 않아도 된다. 채소는 냉장고 속 재료로 바꿔도 좋다. 반찬으로도 좋고 간식으로 즐겨도 좋다.

HOW TO

베이컨은 1cm 폭으로 자른다.

감자와 양파는 채 썰고 마늘은 굵게 채 썬다. 채 썬 감자는 물에 잠시 담갔다가 건진다.

달군 팬에 식용유나 올리브오일을 두르고 양파와 감자를 먼저 넣어 반 정도 익힌다.

베이컨과 마늘을 얹고 실파를 송송 썰어 넣어 고루 뒤적이면서 볶는다. 소금과 후춧가루로 약하게 간한다.

베이컨말이스튜

- 베이컨·················· 6장
- 대파·················· 1/2대
- 양파·················· 1/4개
- 물··················· 2+1/2컵
- 버터·················· 1큰술
- 토마토 퓌레··············· 1/2컵
- 월계수 잎··············· 1장
- 다진 마늘··············· 1작은술
- 소금·················· 조금
- 후춧가루··············· 조금

> **Tip**
> 대파 대신 마늘이나 자른 떡볶이 떡, 감자 등으로 해도 맛있다. 그릇에 담아낼 때는 꼬치를 빼도 좋다.

HOW TO

베이컨은 반으로 자르고, 대파는 3~4cm 길이로 토막 내고, 양파는 굵직하게 채 썬다.

자른 베이컨에 대파를 넣고 돌돌 말아 꼬치에 꿴다.

버터 녹인 팬에 양파를 넣어 달달 볶다가 토마토 퓌레, 월계수 잎, 다진 마늘을 넣고 물을 부어 끓인다.

꼬치에 꿴 베이컨말이를 3에 넣어 끓이다가 파기 익으면 소금과 후춧가루로 간을 맞춘다.

반찬 햄실파전

국물 햄감자찌개

햄실파전
햄감자찌개

요즘 시판 햄은 짠맛은 줄이고 녹차나 마늘 등을 넣어
영양을 보완하려는 제품이 많다. 햄으로 음식을 만들 때
맛은 물론 영양까지 더할 수 있는 부재료를 함께 넣어
맛과 영양의 밸런스를 맞추도록 한다.

햄실파전

햄	150g	파르메산치즈가루	1큰술
실파	3뿌리	맛술	1작은술
청양고추	1개	후춧가루	조금
달걀	1개	식용유	2큰술

HOW TO

1. 햄은 손톱만 한 크기로 네모지게 자른다.

2. 실파는 송송 썰고 청양고추는 곱게 다진다. 달걀은 곱게 푼다.

3. 그릇에 햄과 실파, 고추를 담고 파르메산치즈가루와 맛술, 후춧가루를 넣어 고루 섞는다.

4. 달군 팬에 식용유를 두르고 **2**와 **3**의 재료를 섞은 반죽을 올려 앞뒤로 뒤집어가며 지진다.

Tip
달걀이 익으면 바로 꺼낸다. 달걀은 열에 약해 쉬 탈 수 있으므로 센 불은 피하고 중불 이하의 낮은 불로 부쳐야 한다.

햄감자찌개

햄	100g	참기름	2작은술
감자(중)	1개	국간장	1큰술
양파	1/4개	다진 마늘	1작은술
송송 썬 김치	1/2컵	후춧가루	조금
물	3컵		

HOW TO

햄은 나무젓가락 굵기에 3cm 길이로 자른다.

감자와 양파도 햄과 비슷한 크기로 자른다.

냄비에 참기름을 두르고 김치를 넣어 달달 볶다가 햄과 감자, 양파를 넣고 함께 볶는다.

물을 붓고 팔팔 끓이다가 국간장과 다진 마늘, 후춧가루를 넣어 맛을 낸다.

> **Tip**
> 김치를 넣어 기본적으로 얼큰한 맛이 돌지만 좀 더 진한 맛을 원하면 고춧가루나 고추장, 청양고추를 디해도 된다. 햄 외에 소시지나 통조림 햄 등을 넣어 부대찌개처럼 끓여도 맛있다.

국물 훈제오리매운전골

반찬 훈제오리파프리카볶음

훈제오리파프리카볶음
훈제오리매운전골

음식점에서나 먹을 수 있던 오리고기가 언제부터인가
가공을 거쳐 훈제 오리로 상품화돼 대중적인 식재료가 되었다.
구워서 소스에 찍어 먹기만 하면 되니 조리하기도 쉽고 풍미도 좋다.
구우면서 기름기를 충분히 빼고 다양한 채소를 곁들이면 영양 보충이 된다.

훈제오리파프리카볶음

훈제 오리	300g	간장	2큰술
노랑·빨강 파프리카	1/4개씩	맛술	2큰술
마늘	6쪽	고춧가루	1작은술
청양고추	1개	후춧가루	조금

HOW TO

1. 파프리카는 먹기 좋은 크기로 네모지게 자른다.

2. 마늘은 굵직하게 채 썰고 청양고추는 굵직하게 다진다.

3. 간장에 마늘과 청양고추를 넣고 맛술과 고춧가루, 후춧가루를 넣어 고루 섞어 찍어 먹는 양념장을 만든다.

4. 달군 팬에 훈제 오리를 넣어 기름기를 한 번 뺀 후 파프리카를 넣어 가볍게 볶는다. 만든 양념장을 곁들인다.

Tip
구울 때 종이 타월을 두 겹 정도 겹쳐 접어 팬 위에 덮으면 팬 뚜껑을 덮고 굽는 것보다 깔끔하다. 종이 타월이 위로 튀는 기름을 흡수하기 때문. 뚜껑을 덮으면 수증기가 떨어져 기름이 튀어 데일 염려도 있고 가스레인지 주위가 지저분해진다.

훈제오리 매운전골

훈제 오리 · · · · · · 250g	물 · · · · · · 3컵	다진 생강 · · · · · · 1작은술
느타리버섯 · · · · · · 50g	고추장 · · · · · · 1큰술	소금 · · · · · · 조금
양파 · · · · · · 1/2개	고춧가루 · · · · · · 1큰술	후춧가루 · · · · · · 조금
애호박 · · · · · · 1/5개	국간장 · · · · · · 1큰술	
청양고추 · · · · · · 3개	다진 마늘 · · · · · · 1작은술	

HOW TO

1. 느타리버섯은 가닥을 나누고 양파는 굵직하게 채 썬다. 청양고추는 반으로 잘라 속을 대충 턴 후 길쭉하게 채 썬다. 애호박은 반달 모양으로 썬다.

2. 훈제 오리는 달군 팬에 넣고 살짝 구워 기름기를 뺀 후 종이 타월 위에 올려 잠시 둔다.

3. 냄비에 물과 고추장, 고춧가루, 국간장, 다진 마늘, 다진 생강을 넣고 한소끔 끓여 육수를 만든다.

4. 육수에 훈제 오리와 채소를 넣어 서로 어우러지도록 끓인다. 후춧가루로 향을 더하고 모자라는 간은 소금으로 맞춘다.

Tip
훈제 오리 특유의 향이 있어 고추장과 고춧가루로 칼칼하게 만든 육수가 어울린다. 따뜻할 때 먹어야 기름이 겉돌지 않아 맛있다.

국물 참치콩나물찌개

반찬 참치전

참치전
참치콩나물찌개

참치 통조림은 통조림 중 가장 다양하게 조리된다.
용량도 다양하고 날치, 매운 고추, 김치 등을 섞어 뚜껑만 열고
그대로 반찬으로 먹을 수 있게 만든 것도 있어 선택의 폭이 넓다.

참치전

참치 통조림	1개
실파	2뿌리
홍고추	1개
달걀	1개
식용유	1큰술
후춧가루	조금

HOW TO

통조림 참치는 기름기를 뺀다.

실파와 홍고추는 송송 썬다.

달걀을 풀어 실파와 고추를 넣어 섞은 후 참치를 넣어 섞는다. 후춧가루로 맛을 낸다.

달군 팬에 식용유를 두르고 달걀에 섞은 참치를 떠 넣어 동그랗게 모양을 만들어 전을 부친다.

> **Tip**
> 통조림 참치는 약간 간이 되어 있어 심심하게 먹을 경우 따로 간하지 않아도 된다. 당근이나 시금치, 양파 등의 채소를 잘게 다져 넣고 햄버거 패티처럼 만들어 구운 뒤 밥 위에 얹고 소스를 끼얹어 먹어도 맛있다.

참치콩나물찌개

참치 통조림	1개
콩나물	80g
양파	1/4개
대파	1/4대
물	4컵
고춧가루	1큰술
다진 마늘	1작은술
맛술	1작은술
후춧가루	조금
액젓	1+1/2큰술

HOW TO

통조림 참치는 기름기를 빼고 콩나물은 씻어 물기를 뺀다.

양파는 굵직하게 채 썰고 대파는 2cm 길이로 자른다.

냄비에 콩나물과 참치를 얹은 다음 가장자리로 물을 붓고 뚜껑을 덮어 한소끔 끓인다. 양파, 대파를 넣고 고춧가루, 다진 마늘, 맛술, 후춧가루로 맛을 낸 후 액젓으로 간한다.

> **Tip**
> 찌개로 고춧가루를 넉넉히 넣어 시원하면서도 칼칼하다. 신 김치를 송송 썰어 넣어도 맛있다. 콩나물만 익으면 되므로 조리할 시간이 별로 없을 때 준비하기 좋다.

꽁치피망전
꽁치우거지된장찌개

생선 통조림은 따로 손질할 필요가 없고
뼈째 먹을 수 있어 편리하다. 별도의 간을 하지 않고 그냥 먹어도 맛있는데
상추나 호박잎에 싸 먹어도 감칠맛을 즐길 수 있다.

국물 꽁치우거지된장찌개

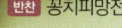 꽁치피망전

꽁치 피망전

꽁치 통조림	1/2개
청·홍 피망	1/2개씩
대파	1/4대
청양고추	1개
밀가루	1큰술
달걀	1개
식용유	2큰술
소금	조금
후춧가루	조금

HOW TO

1. 꽁치는 기름기를 빼고 포크로 눌러가며 덩어리 없이 으깬다.

2. 피망은 속을 정리한 후 오목한 그릇이 되도록 길쭉하게 잘라 안쪽에 밀가루를 조금씩 뿌려 옷을 입힌다.

3. 대파와 청양고추는 송송 썰어 으깬 참치에 넣고 소금과 후춧가루를 조금씩 넣어 고루 섞는다.

4. 양념한 참치를 사 둔 피망에 채우고 손바닥으로 가볍게 감싸 눌러 속이 빠지지 않게 한다. 달걀을 푼 뒤 속을 채운 피망에 달걀물을 묻힌다. 달군 팬에 참치 채운 부분이 먼저 아래로 가게 놓고 중불에서 지진다.

Tip 통조림 꽁치는 비린내가 적어 전을 부쳐도 맛있다. 매콤한 맛을 원하면 풋고추나 청양고추를 반 잘라 채워 고추전을 만들어도 좋다.

꽁치 우거지된장찌개

꽁치 통조림	1/2개
삶은 배추 우거지	1+1/2컵
청양고추	1개
홍고추	1/2개
물	4컵
된장	2큰술
다진 마늘	1작은술
맛술	1작은술
후춧가루	조금

HOW TO

1. 통조림의 국물을 빼고 살만 준비한다.

2. 우거지는 먹기 좋은 크기로 자르고 청양고추와 홍고추는 송송 썬다.

3. 물을 냄비에 담고 된장을 풀고 우거지를 넣어 팔팔 끓인다.

4. 꽁치와 고추, 다진 마늘, 맛술, 후춧가루를 넣고 재료가 어우러지도록 끓인다.

Tip 우거지 대신 고사리나 곤드레나물, 시래기나물 등을 넣고 끓여도 맛있다. 된장을 풀면 구수한 맛이 나면서 비릿한 맛도 누그러진다. 부드러운 생선 살과 연한 우거지가 잘 어울린다.

국물 고등어김치말이찌개

반찬 고등어크로켓

고등어크로켓
고등어김치말이찌개

조림이나 찌개, 파스타 재료로 두루 활용되는 고등어 통조림.
다른 재료를 조금만 더하면 조림이나 탕을 뚝딱 만들 수 있어 편리하다.
통조림을 살 때는 유통기한을 잘 살피고
녹이 슬거나 찌그러진 것은 피한다.

고등어 크로켓

고등어 통조림	1/2개	빵가루	1/2컵
감자(소)	1개	식용유	1/2컵
양파	1/4개	소금	조금
밀가루	1/2컵	후춧가루	조금
달걀	1개	칠리소스	2큰술

HOW TO

1. 고등어만 건져 국물을 빼고 넓은 그릇에 담아 곱게 으깬다.

2. 감자는 잘게 썰어 삶거나 전자레인지로 돌려 푹 무르도록 익힌 후 고등어와 섞어 으깬다.

3. 고등어와 감자 섞은 것에 양파를 굵직하게 다져 넣고 소금과 후춧가루로 간을 한다.

4. **3**의 고등어 반죽을 동그랗게 뭉쳐 밀가루, 달걀, 빵가루 순으로 옷을 입힌 후 끓는 기름에 튀겨 기름기를 빼고 칠리소스를 곁들인다.

Tip
비릿한 맛이 적고 살이 연해 으깨서 크로켓을 만들기에 의외로 좋은 재료다. 식으면 맛이 덜할 수 있으므로 따뜻할 때 먹는다. 칠리소스 대신 마요네즈에 간장과 와사비, 다진 청양고추를 넣어 만든 소스를 곁들여도 좋다.

고등어 김치말이찌개

고등어 통조림 ······· 1/2개	국간장 ············· 1큰술
김치 ············· 5~6잎	맛술 ············· 2작은술
양파 ············· 1/2개	다진 마늘 ········ 1작은술
실파 ············· 5뿌리	고춧가루 ········· 1작은술
물 ··············· 3컵	후춧가루 ············ 조금

HOW TO

1. 고등어만 건져 먹기 좋은 크기로 자른다.

2. 양파는 굵직하게 채 썬다.

3. 김치는 줄기 부분은 잘라내고 잎 부분만 길이로 반 자른 뒤 고등어를 한 덩어리씩 넣어 돌돌 말거나 감싼다.

4. 냄비에 채 썬 양파를 편편하게 깐 다음 김치로 만 고등어를 담고 사이사이 3~4cm 길이로 자른 실파를 담는다. 가장자리로 물을 붓고 끓이다가 국간장과 맛술, 다진 마늘, 고춧가루, 후춧가루로 간을 맞춘다.

Tip
한 입 크기로 잘라 김치로 감싼 고등어는 먹기에 좋고 맛도 좋다. 바닥에 깐 양파가 비린내를 잡고 곁들인 실파는 건져 먹는 재미가 있다.

연어 통조림

연어샐러드
연어미역국

불과 얼마 전만 해도 친숙한 재료가 아니었던
연어가 대중적인 식재료로 자리매김하면서 통조림까지 나왔다.
담백한 살은 샐러드에도 어울리고 맑은국을 끓여도 맛있다.

국물 연어미역국

반찬 연어샐러드

연어샐러드

연어 통조림	1/2개
브로콜리	50g
감자	1/2개
달걀	1개
땅콩	5알
허니머스터드소스	2큰술
마요네즈	1큰술
씨겨자	1작은술

HOW TO

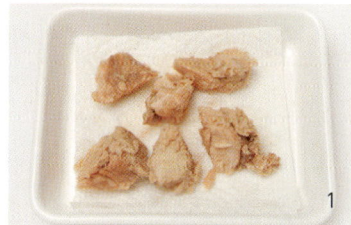

1. 연어는 살만 건져 큼직하게 자른 다음 종이 타월 위에 얹어 기름기와 물기를 뺀다.

2. 브로콜리는 작은 송이로 잘라 끓는 물에 데친다.

3. 감자는 브로콜리와 비슷한 크기로 잘라 푹 무르도록 삶고 달걀은 삶아 감자와 비슷한 크기로 자른다.

4. 허니머스터드소스와 마요네즈, 씨겨자를 고루 섞은 후 연어, 브로콜리, 감자, 달걀 섞은 것 위에 올린다.

Tip
통조림 연어는 어떤 재료와도 잘 어울리지만 생채소보다는 익힌 재료와 더 어울린다. 부드럽게 씹히는 맛이 데친 브로콜리와 감자, 달걀 등과 잘 어우러지는데 이렇게 만들면 샐러드만 먹어도 든든하다. 스파게티나 샌드위치에 곁들이면 좋다.

연어미역국

연어 통조림	1/2개
불린 미역	1+1/2컵
멸치 육수(물 3+1/2컵+ 국물용 멸치 6마리)	3+1/2컵
액젓	1+1/2큰술
맛술	1작은술

HOW TO

1. 연어는 체에 밭쳐 국물은 빼고 살만 건진다.

2. 불린 미역은 먹기 좋은 크기로 자른다.

3. 냄비에 미역을 담고 육수를 붓고 한소끔 끓으면 연어를 넣는다.

4. 액젓과 맛술을 넣어 간하고 미역이 부드러워지도록 20분 정도 중불에서 끓인다.

Tip
미역국을 끓일 때 불린 미역을 참기름이나 들기름으로 볶아 맛과 향을 더하는데 이런 과정을 생략해도 될 정도로 연어와 미역의 맛이 잘 어울린다. 국간장이나 소금보다는 액젓으로 간하면 감칠맛이 좋다.

PROCESSED FOOD

옥수수전
옥수수달걀탕

옥수수 통조림은 간식을 만들 때 주로 사용되는데
단맛을 비롯한 양념이 진해 그냥 먹어도 맛있다.
음식을 만들 때는 체에 밭쳐 흐르는 물에 살짝 씻어내고 쓰면 깔끔하다.

국물 옥수수달걀탕

반찬 옥수수전

옥수수전

옥수수 통조림	1/2개
풋고추	1개
홍고추	1개
밀가루	4큰술
달걀	1개
물	1/3컵
빵가루	5큰술
식용유	3큰술

> **Tip**
> 전 반죽을 만들 때 빵가루를 약간 더 하면 수분 조절도 되고 한층 바삭한 맛을 낼 수 있다. 옥수수에 이미 간이 되어 있으므로 따로 간을 하지 않거나 조금만 간을 한다.

HOW TO

1. 옥수수는 물에 살짝 헹궈 물기를 뺀다.

2. 고추는 굵직하게 다진다.

3. 밀가루에 달걀과 물을 넣어 고루 저어 멍울이 없도록 푼 후 옥수수와 고추를 넣어 섞는다.

4. 마지막에 빵가루를 넣어 바삭한 맛을 더한 후 달군 팬에 식용유를 두르고 조금 크게 동그랗게 전을 부친다.

옥수수달걀탕

옥수수 통조림	1/2개
달걀	1개
팽이버섯	1/4봉지
멸치 육수(물 3컵+국물용 멸치 5마리)	3컵
굴소스	2작은술
소금	조금
후춧가루	조금

> **Tip**
> 구수하면서 달달한 맛이 도는 옥수수 달걀탕은 속을 따뜻하게 하고 입맛도 살린다. 녹말물을 풀어 넣으면 국물이 걸쭉해져 속이 든든하다.

HOW TO

1. 옥수수는 체에 밭쳐 흐르는 물에 씻은 다음 물기를 뺀다.

2. 달걀은 곱게 푼다.

3. 냄비에 멸치 육수를 붓고 한소끔 끓이다가 옥수수와 3cm 길이로 자른 팽이버섯을 넣어 끓인다.

4. 굴소스와 소금, 후춧가루로 맛을 낸 후 달걀 푼 것을 넣어 달걀이 몽글해질 정도로 끓인다.

재료별 찾아보기

ㄱ

가자미	198
가지	34
갈치	202
감자	30
게	242
고구마 순	96
고등어	204
고등어 통조림	318
고사리	76
고추	114
관자	222
굴	228
근대	80
김	270
깻잎 순	72
꼬막	230
꽁치	208
꽁치 통조림	316

ㄴ

낙지	258
날치알	238
냉이	44

ㄷ

달걀	190
달래	112
닭 가슴살	178
닭 봉	176
닭 안심	182
닭 다리살	184
닭 한 마리	188
당면	290
더덕	98
도라지	100
도토리묵	292
돼지 갈비	174
돼지 다리살	166
돼지 등심	160
돼지 목살	162
돼지 삼겹살	168
돼지 안심	156
돼지 항정살	170
두부	286

ㅁ

마늘종	92
마른멸치	262
매생이	280
메추리알	192
명란	240
명태	212
무	104
문어	250
미나리	48
미역	274

ㅂ

바지락	224
배추	52
버섯	106
베이컨	304
봄동	56
부추	60
북어채	266

브로콜리	108	어묵	302	콩비지	298

ㅅ

삼치	216	연근	124		
새우	246	연어 통조림	322		
소 갈비	142	오이	38		

ㅌ

				토마토	130
				톳	282

소 갈비	142	오이	38
소 다리살	138	오징어	252
소 등심	136	오징어채	268
소 사태	148	옥수수 통조림	324

ㅍ

파	122
파래	278

소 안심	134	우렁이살	236
소 양지	146	우엉	126
소 차돌박이	152		

ㅈ

전복	232
조기	220
주꾸미	256

ㅎ

햄	306
호박	36
홍합	234
훈제 오리	310

숙주	90
순두부	294
시금치	40
시래기	82
쑥갓	68

ㅊ

참나물	62
참치 통조림	314
취	66

ㅇ

아욱	74
양배추	86
양파	118

ㅋ

콩나물	88

재료 100 국 100 반찬 100

초판 1쇄 발행 2015년 7월 27일
초판 3쇄 발행 2015년 11월 24일

글·요리 최승주
사진 김현희(낭만상회)
발행 (주)조선뉴스프레스
발행인 김창기
편집인 우태영
기획편집 김화(출판1팀장), 김민정, 박영빈
판매 방경록(부장), 최종현, 박경민
디자인 올디자인
교정·교열 김현지

편집문의 724-6726~9
구입문의 724-6796, 6797
등록 제301-2001-037호
등록일자 2001년 1월 9일
주소 서울특별시 마포구 상암산로 34 DMC디지털큐브 13층 (주)조선뉴스프레스 (121-904)

값 16,000원
ISBN 979-11-5578-365-8 13590

* 이 책은 (주)조선뉴스프레스가 저작권자와의 계약에 따라 발행하였습니다.
저작권법에 의해 보호받는 저작물이므로 무단 전재와 복제, 전송을 금합니다.
* 저자와 협의하여 인지를 생략합니다.
* 조선앤북은 (주)조선뉴스프레스의 단행본 브랜드입니다.

> 삶을 아름답고 풍요롭게 만드는 도서를 출판하는 조선앤북에서는
> 예비 작가분들의 소중한 원고를 기다립니다.
> **블로그** blog.naver.com/chosunnbook
> **이메일** chosunnbook@naver.com